国家自然科学基金重点项目:
基于RFID的生鲜农产品供应链运作优化理论与方法（NO.71431004）

数据驱动的生鲜农产品库存优化决策研究

杨 亚 范体军◇著

Decision-making
on Data Driven Inventory Optimization
of Fresh Agricultural Products

中国经济出版社
CHINA ECONOMIC PUBLISHING HOUSE
·北 京·

图书在版编目(CIP)数据

数据驱动的生鲜农产品库存优化决策研究/杨亚，范体军著．--北京：中国经济出版社，2021.5（2023.9 重印）

ISBN 978-7-5136-6456-1

Ⅰ.①数… Ⅱ.①杨… ②范… Ⅲ.①农产品-仓库管理-研究 Ⅳ.①F724.724

中国版本图书馆 CIP 数据核字(2021)第 066455 号

责任编辑 葛 晶
责任印制 马小宾
封面设计 任燕飞装帧设计工作室

出版发行 中国经济出版社
印 刷 者 北京建宏印刷有限公司
经 销 者 各地新华书店
开　　本 710mm×1000mm 1/16
印　　张 10.75
字　　数 134 千字
版　　次 2021 年 5 月第 1 版
印　　次 2023 年 9 月第 2 次
定　　价 68.00 元
广告经营许可证 京西工商广字第 8179 号

中国经济出版社 **网址** www.economyph.com **社址** 北京市东城区安定门外大街 58 号 **邮编** 100011
本版图书如存在印装质量问题，请与本社销售中心联系调换（联系电话：010-57512564）

前言

生鲜农产品在供应链环节，尤其是库存环节损耗惊人。以无线射频识别(radio frequency identification,RFID)为主的多元数据传感技术在生鲜农产品库存中广泛应用，可以提高农产品库存准确性，解决库存错放问题，提高库存管理效率，降低部分农产品损耗。同时，这些物流技术的应用使得对生鲜农产品库存数据进行实时采集和学习分析成为可能，并将改变传统生鲜农产品库存管理模式，促使生鲜农产品库存管理的决策依据和决策内容发生变化。

尽管对生鲜农产品库存管理及物流传感技术应用的研究已产生许多有意义的结果，但对数据驱动下生鲜农产品库存管理的研究较少，更缺乏数据驱动因素下对整个生鲜农产品库存管理问题系统深入的研究。事实上，作为一种特殊的变质产品，生鲜农产品具有易腐性、鲜活性、时效性等特性，其库存具有小批量、多批次、需求量大、易损耗、保质期短等特点，生鲜农产品的流通和存储中还有很多问题亟待研究。

从数据驱动的视角研究生鲜农产品库存管理，不仅研究角度新颖，而且还可以利用新的研究工具。物流技术应用下的大量相关数据的获得，可以助力对生鲜农产品库存中新的管理内容的探索。

本书考虑数据驱动因素，以变质库存理论、优化理论等作为理论基础，结合食品科学知识，使用模型方法和数据分析方法，基于数据驱动进行生鲜农产品库存优化决策的研究。本书第 1 章、第 2 章总结生鲜农产品的特点，概述了生鲜农产品库存的相关研究。第 3 章至第 6 章是本书的主体内容。其中，第 3 章基于变质产品库存模型，考虑不同生鲜农产品具有不同的变质特性，分析变质率作为生鲜农产品的质量指标，以及变质率可控的生鲜农产品库存优化决策。第 4 章分析新鲜度对生鲜农产品变质率及库存成本的影响，研究新鲜度影响下的生鲜农产品库存订货决策和保鲜决策。第 5 章考虑保鲜可以延长保鲜期，分析生鲜农产品的保鲜期对库存决策的影响，研究保鲜期限制订货周期下的生鲜农产品库存优化决策。第 6 章考虑生鲜农产品新鲜度和保鲜，分析多种生鲜农产品混合库存时交叉易腐性因素对保鲜期的影响。基于单种生鲜农产品库存模型，建立交叉易腐性因素影响下的多种生鲜农产品混合库存模型，并分析模型性质，基于数据驱动对模型进行数据分析，得到生鲜农产品混合库存优化决策内容。第 7 章是对数据驱动下的生鲜农产品库存优化问题的工作总结和展望。

本书包含许多数学模型及数据分析案例，希望借此探索数据驱动的生鲜农产品库存优化决策，希望能与大家分享想法，继续前行。

书中难免出现错误和遗漏，恳请同行和读者给予指正。

杨　亚

2020 年 12 月

目录

第1章　绪论 …………………………………………………………… 001

1.1　中国生鲜农产品供应链现状 ………………………………… 002

1.2　生鲜农产品供应链特点 ……………………………………… 004

1.3　生鲜农产品供应链中的库存优化 …………………………… 005

1.4　RFID 技术在生鲜农产品供应链中的应用 ……………………… 006

1.5　研究内容 ……………………………………………………… 007

第2章　生鲜农产品供应链库存管理环节的相关研究……………… 010

2.1　生鲜农产品供应链方面的研究 ……………………………… 010

2.1.1　生鲜农产品供应链特性与策略及供应链协调方面的研究 …………………………………………………………… 010

2.1.2　生鲜农产品供应链中的 RFID 技术应用方面的研究 … 011

2.2　变质产品库存方面的研究 …………………………………… 013

2.2.1　变质产品的概念 ………………………………………… 013

2.2.2　变质产品库存 …………………………………………… 014

2.3　生鲜农产品库存方面的研究 ………………………………… 019

2.4　本章小结 ……………………………………………………… 020

第3章 变质率可控的生鲜农产品库存优化决策…………………… 022
3.1 生鲜农产品的变质率 …………………………………………… 024
3.2 变质率可控的生鲜农产品库存优化模型 ……………………… 025
3.2.1 符号和假设 …………………………………………………… 025
3.2.2 模型的基本性质 ……………………………………………… 028
3.3 变质率和保鲜的关系系数讨论 ………………………………… 032
3.3.1 一种简单情况下的优化决策及决策步骤 …………………… 032
3.3.2 复杂情况下的优化决策及管理启示 ………………………… 039
3.4 数值分析的例子和敏感性分析 ………………………………… 042
3.5 本章小结 ………………………………………………………… 046
第4章 新鲜度影响下的生鲜农产品库存优化决策………………… 049
4.1 生鲜农产品的新鲜度 …………………………………………… 050
4.2 变质率受新鲜度影响的最优订货决策 ………………………… 052
4.2.1 固定变质率下的生鲜农产品库存 …………………………… 052
4.2.2 新鲜度影响变质率下的生鲜农产品库存 …………………… 055
4.3 变质率和库存成本受新鲜度影响的最优订货决策 …………… 058
4.3.1 库存持有成本固定下(不保鲜)的生鲜农产品库存 …… 059
4.3.2 变质率固定下(保鲜)的生鲜农产品库存 ………………… 066
4.3.3 保鲜决策 ……………………………………………………… 070
4.4 数值分析的例子 ………………………………………………… 072
4.5 本章小结 ………………………………………………………… 079
第5章 保鲜期限制下的生鲜农产品库存优化决策………………… 081
5.1 生鲜农产品的保鲜期 …………………………………………… 082
5.2 保鲜期固定时的基本模型 ……………………………………… 084
5.2.1 符号和假设 …………………………………………………… 084

5.2.2 最优订货周期不大于保鲜期的情况 …… 086
5.2.3 最优订货周期大于保鲜期的情况 …… 087
5.3 保鲜努力水平影响保鲜期的扩展模型 …… 091
5.3.1 最优订货周期不大于保鲜期时的订货和保鲜决策 …… 091
5.3.2 最优订货周期大于保鲜期时的订货和保鲜决策 …… 092
5.4 数值分析的例子 …… 098
5.5 本章小结 …… 101

第6章 交叉易腐性影响保鲜控制的混合库存优化决策 …… 103

6.1 生鲜农产品混合库存时的交叉易腐性 …… 106
6.2 基本模型 …… 108
6.2.1 一个示例 …… 109
6.2.2 符号和假设 …… 112
6.2.3 模型 …… 114
6.2.4 成本结构 …… 116
6.3 交叉易腐性影响下的混合库存模型 …… 120
6.4 数值分析和管理启示 …… 127
6.4.1 带有边界条件的遗传算法 …… 127
6.4.2 单种生鲜农产品库存问题的数值分析 …… 129
6.4.3 交叉易腐性影响的多种产品混合库存问题的数值分析 … 133
6.4.4 集成物联网数据分析的通用决策机制 …… 136
6.5 本章小结 …… 138

第7章 总结与展望 …… 141

7.1 数据驱动下的生鲜农产品库存优化问题的工作总结 …… 141
7.2 未来工作展望 …… 144

参考文献 …… 146

第1章 绪论

中国是生鲜农产品生产和消费大国，但是生鲜农产品在生产、加工、运输及库存等流通环节损耗惊人。生鲜农产品的库存环节往往连接供需，管理决策不当更会加剧农产品损耗。目前，中国生鲜农产品大多采取粗放型的库存控制方式，供需管理不当导致库存损耗巨大。区别于其他变质产品，生鲜农产品本身具有的易腐性、鲜活性、时效性等典型特性使库存管理较其他变质产品的库存管理更为复杂和特殊。现有的变质产品库存控制理论无法应对生鲜农产品库存供需的动态变化。随着技术的快速发展，以无线射频识别(radio frequency identification, RFID)为主的多元数据传感技术在生鲜农产品供应链中逐步应用，使实时采集生鲜农产品库存质量数据并对数据进行分析成为可能。从数据驱动的视角重新定义和建立生鲜农产品的库存参数和库存模型，可以对数据驱动库存决策进行相关的探索。

生鲜农产品库存管理中存在两个重要问题：一是生鲜农产品数量方面的损耗严重；二是随着社会经济的发展和人民生活水平的提高，消费者对生鲜农产品的质量要求日益提高。因此，在数据驱动视角下，考虑生鲜农产品的多种质量因素，进行生鲜农产品的库存优化决策，不仅有助于生鲜农产品经营企业提高库存管理效率，降低库存成本，提高企业经济效益，而且对于指导生鲜农产品企业提升大数据环境下的管理绩效，增强企业竞争能力都具有重要的现实意义。此外，本书的研究工作还有助于减少生鲜农产品的损耗与浪费，提高生鲜农产品质量，并提升生鲜农产品的消费者满意度，对提高社会整体效益具有积极的现实意义。

1.1 中国生鲜农产品供应链现状

作为农业大国，中国的农产品生产和农产品消费位居世界前列。联合国粮食及农业组织的统计数据显示，2018 年，中国水果产量稳居世界第一，蔬菜产量超过世界总产量的二分之一，肉类和鱼类产量也占世界总产量的三分之一左右(联合国粮食及农业组织，2019)。国家统计局及相关数据发布中心的数据资料显示，2019 年，中国生鲜农产品(蔬果、肉类、水产品、禽蛋等)市场交易规模超过 2 万亿元，冷链物流仓储规模超过 6 000 万吨(智研咨询集团等，2018)。如图 1.1 和图 1.2 所示，2013—2019 年冷链物流仓储规模同生鲜农产品市场交易规模连年攀升。随着中国生鲜农产品市场交易规模的不断扩大，连接供需的库存环节在生鲜农产品供应链中的重要地位凸显。

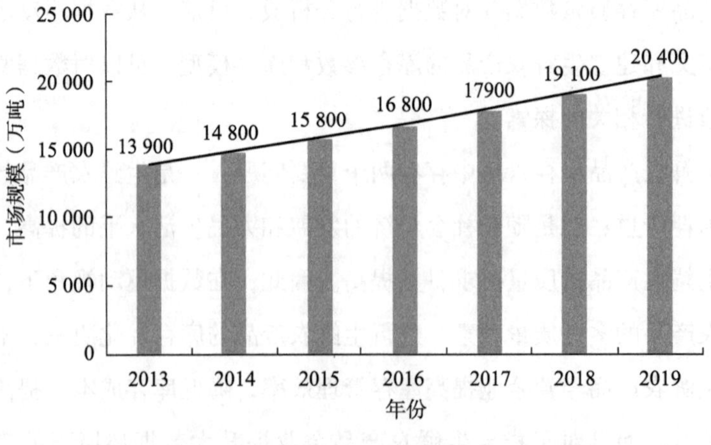

图 1.1　2013—2019 年中国生鲜农产品市场交易规模

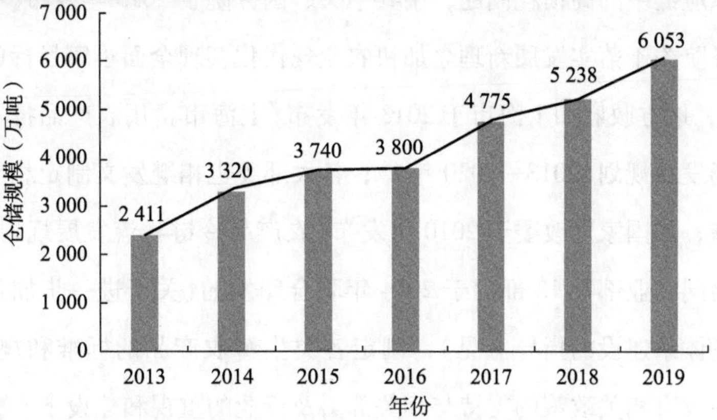

图 1.2　2013—2019 年中国冷链物流仓储规模

中国生鲜农产品在生产、加工、运输及库存等供应链运作环节损耗率高达 25%~30%，远远高于发达国家 5%左右的损耗率，美国甚至低至 1%~2%（中国物流与采购联合冷链物流专业委员会和国家农产品现代物流工程技术研究中心，2018）。根据《经济参考》的报道，在生鲜农产品供应链中，由于库存和运输等能力与实际需求的巨大差距，中国生鲜农产品的产后损失相当严重：每年马铃薯产后损失约为 1 600 万吨，水果产后损失约为 1 400 万吨，蔬菜产后损失约为 1 亿吨。蔬菜和水果采摘后由于腐坏造成的经济损失每年超过 1 000 亿元，农产品的产后损失总值每年超过 3 000 亿元，这相当于中国国内 1.5 亿亩（1 亩≈666.67 平方米）耕地的投入和产出总值（王宇和王文静，2016）。这些损失直接制约了中国农业的快速发展。

现阶段，"三农"（农业、农村、农民）问题一直是国家发展的重中之重，在全面建成小康社会的关键时期，"三农"问题是关系国富民强，关乎整个国民素质提升及经济发展和社会稳定的重大问题。2004—2020 年中共中央"一号文件"连续 16 年锁定"三农"问题，2018 年制定乡村振兴计划时间表，对"三农"问题提出了更多、更高的要求。针对生鲜农产品供应链中的高损耗问题，中共中央、国务院于2015年发布《中共中央国务院关于落实发展新理念加快农业现代化实现全面小康目标的若干意见》，地方政府如上海市于2013年发布《上海市食用农产品批发和零售市场发展规划(2013—2020年)》；各大部委也相继发文制定相应的改革措施，如国家发改委于2010年发布《农产品冷链物流发展规划》，商务部会同农业部等13部门于2014年联合印发的《关于进一步加强农产品市场体系建设的指导意见》，制定各类生鲜农产品的标准和规范等。尽管在政府相关政策的支持与相关部门及行业的重视和建设下，中国生鲜农产品供应链在冷链物流方面取得了阶段性进展，但是，生鲜农产品物流基础设施的总体能力仍然有待提高，生鲜农产品物流技术的推广相对滞后，且专业化程度较低，整个生鲜农产品物流领域的资源整合度也不高，尤其是很多生鲜农产品经营企业在供应链流通渠道中依旧采取粗放型的库存方式，这不仅直接导致巨大的库存损耗，还对供应链上下游造成影响，使生鲜农产品供应链中损耗过大、成本过高的突出问题一直不能得到有效解决。

减少生鲜农产品供应链中的损耗是中国现阶段农业发展过程中必须面对和解决的重要问题，库存损耗则是生鲜农产品供应链损耗中最重要和最直接的因素。因此，优化生鲜农产品的库存是至关重要的，对生鲜农产品的库存决策进行科学、有效的优化，不仅能够减少损耗，增加企业利润，还能够进一步提高整个生鲜农产品供应链的效益。

1.2 生鲜农产品供应链特点

生鲜农产品是一种特殊的易腐、易变质产品，具有易腐性、时鲜性，以及短生命周期等特性，生鲜农产品在运输、库存和销售等供应链环节极易变质腐烂，产生损耗。区别于其他产品供应链，生鲜农产品供应链具有如下典型特征：生产的季节性和周期性，流通的易腐性和鲜活性，消费的时效性和品质性，模式的多样性和复杂性，这些特征导致生鲜农产品供应链的运作较其他产品供应链更具复杂性和困难性，使得生鲜农产品供应链的运作面临很大的挑战。特别是生鲜农产品供应链中的库存环节衔接供给与需求，优化决策不当将会造成生鲜农产品供应链上下游之间的协调困难，加剧耗损，进而导致生鲜农产品高比例损失。

因此，库存管理优化是生鲜农产品供应链中的关键环节，而生鲜农产品本身具有的这些特性，不仅制约整个生鲜农产品供应链的流通，还影响生鲜农产品库存管理的优化。为此，考虑生鲜农产品的特性，对生鲜农产品供应链中的库存管理进行决策优化，是生鲜农产品供应链运作管理中的一个关键。

1.3 生鲜农产品供应链中的库存优化

生鲜农产品库存是生鲜农产品供应链的关键环节，其管理优化决策不当必然加剧生鲜农产品在供应链中的损耗，甚至阻碍农业产业的健康发展。目前，中国生鲜农产品的库存大多依旧采取粗放型的库存管理方式，因为生鲜农产品本身具有的易腐性、时鲜性、短生命周期、季节性、地域性等特性，使得供需管理不当的状况突出，导致库存损耗巨大。现有的变质产品库存控制理论无法应对生鲜农产品库存供需的动态变化，针对生鲜农产品的特性如何优化库存管理决策是一个非常关键的问题。

事实上，在生鲜农产品的库存管理优化中，生鲜农产品的易腐性、时鲜性、短生命周期等主要特性可通过一系列质量因素，如变质率、新鲜度、保鲜期等来反映。其中，变质率可以刻画生鲜农产品易腐性的数量特征，新鲜度可以刻画生鲜农产品时鲜性的品质特征，保鲜期可以刻画生鲜农产品短生命周期的时间特征。这些因素既反映生鲜农产品特点又影响库存管理优化决策的质量。此外，生鲜农产品混合库存时，由于其生物化学特性，还呈现出产品之间的交叉易腐性特征。这些质量因素既全面反映了单种生鲜农产品的主要特征，又反映了多种生鲜农产品混合库存时的特点。这些质量因素相互交织、共同作用，使生鲜农产品的库存决策更加复杂。为此，考虑生鲜农产品的变质率、新鲜度、保鲜期及交叉易腐性等主要质量因素，从数据驱动角度探究生鲜农产品的库存优化，意义重大且极具挑战。

1.4 RFID 技术在生鲜农产品供应链中的应用

在互联网环境下，基于物联网平台的发展，以 RFID 技术为代表的物联网关键技术已在生鲜农产品流通中应用。RFID 技术是一种非接触式的自动识别技术，它通过射频信号自动识别目标对象(标签目标)并获取相关数据，识别工作无须人工干预，且标签具有防水、防磁、耐高温、使用寿命长、读取距离大、存储数据容量大、可读写等诸多优点。互联网环境下物联网技术的应用，增加了农产品库存供需信息的透明度和准确性，促使库存管理快速有效地响应动态变化的市场需求，提高库存运转速度和效率，增加需求供应的灵活性，促使传统生鲜农产品库存模式发生改变，并为生鲜农产品库存管理提供了数据驱动的研究角度和研究方法。

考虑生鲜农产品特性，造成生鲜农产品库存供需不匹配和库存控制不当的主要原因有：库存环境对生鲜农产品库存损耗程度的影响难以监

控；农产品之间的需求替代性增加了库存控制的难度；不同产品相互间存在的交叉易腐性影响难以分析，其对产品质量、变质损耗和需求的影响更是无法获知。这些原因使得对生鲜农产品的库存管理研究和分析难以深入。通过互联网环境及物联网技术和平台，可以获取大量与库存有关的市场销售、产品新鲜度、库存环境等方面的历史数据和实时数据，使得从数据驱动角度可以对生鲜农产品库存管理优化的决策过程深入学习和分析。基于 RFID 等物联网技术应用后对所获得数据的有效分析，可以获得产品变质情况、新鲜度情况、保鲜期、交叉易腐性等决策相关参数准确的函数形式，并预测和控制市场需求，给高效精准的库存管理带来新的可能性。可以说，RFID 等物联网技术在生鲜农产品供应链中的应用是生鲜农产品的库存管理优化数据分析的基础，是解决生鲜农产品库存中由于易腐等特性造成供需不匹配难题的有力工具。

1.5 研究内容

生鲜农产品的易腐性、时鲜性、短生命周期等特性是影响生鲜农产品库存管理优化的主要因素。因此，在互联网环境下，考虑生鲜农产品的变质率、新鲜度、保鲜期及交叉易腐性等质量因素，研究数据驱动下的库存优化是一项极具挑战的工作。本书考虑生鲜农产品主要的质量因素，基于数据驱动视角分析不同质量因素影响下的生鲜农产品库存优化决策。本书的研究内容如下：

(1)变质率可控的生鲜农产品库存优化决策。考虑变质率直接与生鲜农产品的新鲜度有关，从而影响市场需求，将变质率这种库存数量变化的指标作为质量指标，并通过一个可改变的库存持有成本对变质率进行控制，综合运作层面与成本有关的变量和市场反应来研究生鲜农产品的库存决策问题。首先，将变质率和订货量同时作为决策变量，建立库存优化模型，分析模型性质得到在变质率可控条件下，最优订货量存在且唯一的结论。然后，考虑保鲜和变质率之间的关系系数，在不同的生鲜农产品变质性下研究模型的动力学性质。对高易腐性的生鲜农产品，给出了最优的决策步骤；对低易腐性的生鲜农产品，给出了零售商的最优订货决策和对应于最优变质率的最优保鲜决策。

(2)新鲜度影响下的生鲜农产品库存优化决策。从生鲜农产品的新鲜度特点出发，首先，建立新鲜度影响变质率的基本模型；然后，考虑新鲜度对库存成本的影响以及库存成本变化下库存条件对变质率的影响，建立新鲜度影响变质率和库存成本的优化模型，分析新鲜度变化下的最优平均总成本，得到零售商最优新鲜度订货模型；最后，比较保鲜和不保鲜这两种变质率和成本不同的库存管理情境，得到新鲜度影响下的零售商保鲜决策。

(3)保鲜期限制下的生鲜农产品库存优化决策。考虑生鲜农产品的保鲜期对订货周期的限制，基于经济订货批量模型建立保鲜期固定的基本模型，并基于保鲜可以延长保鲜期的假设，对模型进行扩展和分情况的讨论。结果表明：当有保鲜期限制时，零售商应该考虑最优订货周期和保鲜期的大小，选择较小时间段的周期进行订货。对于保鲜期较长的生鲜农产品，保鲜虽然会延长保鲜期，但也会增加零售商总成本，保鲜是不必要的；对于保鲜期较短的生鲜农产品，在一定条件下保鲜不仅可以延长其保鲜期，而且可以减少成本。但并不是保鲜的努力程度越大越好，当保鲜期延长到一定程度即可得到最优成本。

(4)交叉易腐性影响保鲜控制的混合库存优化决策。将多种生鲜农产品共同存放，既节省存储空间又降低库存成本，是现实中常见的库存操作方式。混合库存时，生鲜农产品的保鲜期由于生物化学特性的相互影响而被改变。为此，提出交叉易腐性的概念，然后综合新鲜度、变质率和保鲜期等多种质量因素，建立保鲜和交叉易腐性影响下的混合库存模型。在物联网传感系统应用的背景下，利用实时数据对模型性质和库存控制策略进行研究。结果表明：考虑到交叉易腐效应的综合决策机制，可以通过减少变质成本和提高生鲜农产品质量来优化混合库存下的全局库存策略。同时，证明了决策变量的上下界条件，使用解决这种复杂非线性问题的遗传算法可以快速获得可行的全局最优解。

事实上，考虑质量因素的生鲜农产品库存优化是在物流技术、计算机技术飞速发展的环境中，中国农业发展和现代化管理必须面对和解决的关键性问题。本书集成供应链库存理论、优化理论、数据分析理论，利用农产品库存管理技术，应用运筹优化、数学建模、数据分析等方法，探索变质率、新鲜度、保鲜期和交叉易腐性等质量因素对生鲜农产品库存决策的影响机理和结果，旨在为生鲜农产品这种特殊变质产品的库存优化管理提供理论借鉴，也为数据驱动下的生鲜农产品库存决策进行理论上的探索。因此，考虑质量因素的生鲜农产品库存优化决策研究不仅有助于丰富和深化变质产品库存管理理论的方法和内容，而且对促进物流数据在具体领域的应用研究也具有重要的理论意义。

第 2 章　生鲜农产品供应链库存管理环节的相关研究

2.1　生鲜农产品供应链方面的研究

2.1.1　生鲜农产品供应链特性与策略及供应链协调方面的研究

关于生鲜农产品供应链的研究大致可以分为两类，一类主要研究生鲜农产品供应链特性与策略。研究方法既有定性研究又有定量研究。定性研究方面，Akkerman 等(2010)对生鲜产品供应链及其动力学性质进行了综述。Lowe 和 Preckel(2004)提出农产品供应链具有长提前期、供需不确定和利润薄等特点。Clements 等(2008)以新西兰生鲜农产品供应链为研究对象，运用实证方法研究了农产品需求、特征和供应链绩效之间的关系，进而指出该供应链具有信息交换、相互合作、强大运作连接和买卖细节等特征。定量研究方面，Rong 等(2011)对生鲜农产品的生产和分销建模，研究生鲜农产品质量和成本。Blackburn 和 Scudder (2009)提出采用时间边际价值比率研究农产品供应链策略模型问题，研究表明采用基于成熟冷藏的混合响应模型能有效降低农产品价值损失。李琳和范体军(2014)考虑 RFID 技术应用对生鲜农产品供应链的影响，研究生鲜农产品供应链技术投资策略。

另一类研究主要考虑生鲜农产品供应链的协调问题。Pathumnakul 等(2009)以最小库存成本为目标，研究泰虾供应链协调问题，认为供应链的协调有助于提高供应链服务水平。肖勇波等(2008)针对到岸价格商务模式对一类涉及远距离运输的生鲜农产品供应链进行了研究，并通过成本分担机制实现供应链协调。Cai 等(2010)研究了离岸价格商务模式下远距离运输的生鲜农产品供应链，考虑分销商保鲜努力程度对供应链的影响，分别得到分散决策系统和集中决策系统中供应链各参与方的最优决策，并进一步建立激励契约协调供应链。Cai 等(2013)研究了鲜活产品供应链物流外包，在物流运输时间不确定、产品新鲜程度不确定、市场需求不确定的情况下，利用供应商和分销商的批发市场出清契约及供应商和第三方物流的批发价格折扣共享契约，有效协调一个三级供应链。林略等(2010)也研究一个生鲜农产品的三级供应链，考虑供应链损耗和产品新鲜度的影响，使用收益共享契约有效协调供应链。王冲和陈旭(2013)针对生鲜农产品流通中损耗大的特性，引入期权合同工具，运用 Stackelberg 模型研究由一个供应商和一个零售商组成的单周期两阶段供应链的定价和协调策略。但斌等(2014)、伏红勇和但斌(2015)考虑不利天气对农产品生产的影响，研究两级农产品供应链协调及相关契约。熊峰等(2015)对生鲜农产品供应链关系契约的稳定性进行研究。由此可以看到，许多研究者围绕生鲜农产品供应链的特性、策略和协调进行了卓有成效的研究，并取得了丰硕的研究成果。

2.1.2　生鲜农产品供应链中的 RFID 技术应用方面的研究

物联网和 RFID 等传感和多元数据采集技术已经在生鲜农产品供应链中得到了广泛应用(Piramuthu and Zhou，2016)。在针对生鲜农产品库存的研究中，有关变质率、新鲜度、保鲜期及交叉易腐性等质量因素的具体内容和形式，以及生鲜农产品的保鲜控制都可以通过物联网和RFID等技术获得和进行。这些技术的应用被认为是减少产品损耗和改进管理效率(Fan et al.，2015)，提高库存准确性和改善供应链性能的有效方法(Fan et al.，2014)。很多围绕传感技术在生鲜农产品供应链方面应用的研究集中于农产品质量的提高。Wang等(2010)基于RFID技术获取的实时信息，研究生鲜农产品供应链的质量监控。Chebolu-Subramanian和Gaukler(2015)基于RFID技术和传感技术，从供应链计划角度研究了生鲜农产品供应链中的污染问题。Gaukler等(2017)认为基于RFID等传感技术可以估计农产品的实时价值和温度信息等，并可以通过这些信息建立动态的农产品有效期。Kim等(2015)通过使用一种新的技术(新鲜度计量器)进行数据的自动识别和获取，控制可食用产品的库存温度和湿度，以提高管理质量。在农产品信息追踪和追溯方面，RFID技术的应用也时常被提及。Karlsen等(2011)研究基于RFID技术标签进行生鲜产品信息跟踪和追溯的关键追溯点。Aiello等(2015)考虑传感技术对最优订货批量决策的影响，并获得一个经济追溯量。还有部分研究者关注生鲜农产品供应链RFID技术应用后的收益，如李琳和范体军(2014)研究RFID技术应用对生鲜农产品流通中双重损耗的影响并构建收益模型。Piramuthu和Zhou(2013)认为结合源自RFID技术的产品质量信息进行管理决策可以帮助提高零售商的总收益。杨亚等(2018)考虑新鲜度信息不对称下生产商隐瞒新鲜度信息的情况，研究在生鲜农产品供应链中投资RFID技术前后的利润模型，提出RFID技术投资的标签成本阈值。Grunow和Piramuthu(2013)通过研究高易腐性食品供应链中食品的剩余货架期可以通过产品级的RFID技术标签的数据确定，指出供应链各个成员在投资RFID技术后获益的条件；同时提出了高易腐性食品供应链的 RFID 技术投资决策。更重要的是，RFID 技术、物联网和大数据，为生鲜农产品供应链管理决策提供了一个新的研究角度。基于 RFID 技术和传感技术，不仅可以评价变质产品有关的时间和环境温度信息的价值(ketzenberg et al.，2015)，而且可以利用这些信息设置变质产品动态的保质期(Gaukler et al.，2017)。Aiello 等(2011)用无线传感网络和生物成熟模型对葡萄的物候期进行了研究。De Keizer 等(2017)介绍了一个基于 RFID 技术信息的通用的变质产品供应链物流网。Herbon 和 Ceder(2018)结合时间—温度指示器(time-temperature indicator，TTI)技术，探索新的库存管理情景并扩展库存模拟实验的范围，以研究生鲜农产品等变质类产品的库存问题。

2.2　变质产品库存方面的研究

2.2.1　变质产品的概念

易腐(perishable)产品和变质(deterioration)产品是变质产品库存相关文献中经常出现的两个概念。易腐是指物品可能很快腐烂或变质的状态；变质的意思为变得更糟的事实或过程。

虽然最初的研究对易腐产品和变质产品有不同的命名和理解，但研究中有许多相同和交叉的内容。Nahmias(1982)将库存产品分为过时产品和易腐产品，并且认为易腐产品是指某些在库存过程中会发生变化的产品类型，这些产品发生变化后可能会部分或完全不再适合消费。例如，血液在抽出 21 天后发生红细胞的溶解，无法再用于输血；新鲜的农产品，肉类和其他食品在经过一段时间后变得无法食用；摄影胶片和药物等具有有限使用寿命。Raafat(1991)指出，变质被定义为与产品的原始用途相比发生变化的任何过程，例如，腐败，如易腐的食品、水果和蔬菜等；物理损耗，如偷窃或类似汽油和酒精等挥发性液体的蒸发；衰退，如放射性物质的衰变、电子元件的降解，或照相胶片和药物的效力丧失。

Goyal 和 Giri(2001)基于对这些最早研究的总结，进一步将库存产品分为过时产品、变质产品及其他类产品。过时产品是指随着时间的推移，当技术飞速变化，或竞争对手引入新的产品，或它们本身已经过气，产品失去原有价值。过时产品与变质产品的根本区别在于，过时产品的内在性质或化学物理结构等并没有发生变化。Goyal 和 Giri(2001)将产品的损坏、腐败、干燥、蒸发等都定义为变质，例如，具有最大保质期的食品、绿色蔬菜、人体血液、照相胶片等易腐型产品；完全没有保质期的酒精、汽油、放射性物质等衰退型产品。在 Goyal 和 Giri(2001)的定义中，易腐产品是一种特殊类型的变质产品。

Bakker 等(2012)及其他相关研究者对库存产品的分类和定义大多与 Goyal 和 Giri(2001)的观点一致。本书也遵循大多数文献的观点，认为生鲜农产品这种易腐产品是一种特殊的变质产品。因此，对包含易腐产品在内的范围更广的变质产品库存研究进行综述。

2.2.2 变质产品库存

传统的库存问题一般不考虑产品的变质性，即产品的质量与库存时间长短无关。但在实际的变质产品库存系统中，产品经存储后质量通常会发生变化，如腐烂、分解、挥发和衰减等，这些易变质性质使变质产品在产品质量、安全性及供应的可靠性方面都有一定的不确定性，同时也使供应商和零售商在配送和销售方面产生了不确定性。

变质产品库存问题是库存管理中的一类特殊问题，关于变质产品库存管理方面的研究最早可以追溯到20世纪60年代。Ghare 和 Schrader(1963)最先研究了变质产品的库存问题，他们观测到变质效应对库存的影响，分析了产品按指数规律减少时的库存管理问题。指数衰减，即假设无论库存中变质产品的年龄分布如何，在每个时期库存损耗变质的部分固定。模型如下：

$$\frac{dI(t)}{dt}=-D(t)-\theta I(t)$$

式中，$I(t)$为库存水平；$D(t)$为需求率；θ为变质率。

Ghare 和 Schrader(1963)的研究奠定了变质产品研究的基础。迄今为止，虽然研究者围绕变质产品的变质特性进行了多方面的研究，但这些研究建立变质产品库存模型考虑的重要因素仍以需求和变质率为主，变质产品库存的相关研究均为在此基础模型上的扩展和深入。

1. 需求(率)

根据需求特性可以将已有文献分为确定性需求的变质库存研究和随机性需求的变质库存研究两类。在少数变质库存研究中，需求被假设为均质的或是一个提前预知的常量。Lin C 和 Lin Y(2007)假设需求率是一个常数，研究两级仓库的合作库存策略。Zanoni 和 Zavanella(2007)假设需求均质，生产商的生产率等于需求率，建立一个混合整数线性规划模型，研究涉及远距离运输的两级易腐品供应链的运输和库存成本优化问题。在确定性库存模型中，大量的文献还考虑变质产品的需求是时间的函数。Teng 和 Yang(2004)建立了高科技型变质产品的库存模型，这类变质产品的成本在其短生命周期内迅速递减，但同时需求随时间增加。Hsieh 等(2008)假设需求随时间变化，分析具有两种不同变质率的双仓库系统并建立变质库存模型。Ali 等(2013)假设需求率是时间的斜坡型函数，需求首先随时间增加，到达某个时间点后，需求不再变化而是保持为一个固定值，并提出一种基于逻辑的方法来处理一类允许缺货的变质产品的库存问题。Giri 等(2000)应用启发式算法研究了线性时变需求以及指数时变需求下易腐品库存管理问题，是对时变需求下易腐品研究的新尝试。也有文献假设需求与变质产品的库存量相关。闽杰和周永务(2010)考虑随时间变化的短缺量拖后率对库存订货策略的影响，建立需求线性依赖于库存水平的变质产品的经济订货批量(economic order quantity，EOQ)模型。Chakraborty 等(2015)假设需求依赖库存量，研究模糊随机环境下的多品种供应链整合模型。Tiwari 等(2017)在需求依赖库存量并允许缺货和延迟的假设和前提下，研究了一个两级仓库的库存补货策略。Piramuthu 和 Zhou(2013)认为变质库存中的需求与货架空间和农产品的瞬时质量有关。Wu 等(2009)假设需求依赖库存量并允许缺货和延迟，研究了非立即变质的库存补货策略，旨在将单位成本控制在最低水平。Lee 和 Dye(2012)在需求依赖库存水平的前提下，考虑了允许部分缺货情况下企业的最优订货批量和保鲜投入问题。还有文献假设需求受到变质产品价格的影响。Zaki(2004)最早在他的研究中定义了需求是价格的幂函数。除此之外，有研究者定义需求为价格的线性函数，Maihami 和 Kamalabadi(2012)采用一个与价格和时间有关的需求函数研究非立即变质库存问题。在 Dye 等(2016)的研究中，他们假设需求与时间和变质产品的价格同时有关。Herbon 和 Khmelnitsky(2017)提出需求是变质产品价格和库存时间的伪加性函数，并建立模型来确定与变质产品的新鲜度有关的动态定价。

随着现代商业环境的日益复杂，确定性需求的假设已经背离了实际情况，随机性需求的研究受到越来越多的关注。在这些研究中，大多假设需求是一个均值和标准差已知的分布函数。Broekmeulen 和 Van Donselaar(2009)令需求服从 Gamma 分布并在变质产品存储寿命有限的限制条件下给出了变质品库存的补货策略。Muriana(2016)在随机需求的假设下，在变质产品的库存时间中，考虑需求波动的影响，将确定的货架周期设为一个特殊的参数，建立了一个变质产品的 EOQ 模型。Chen 等(2018)假设需求服从 Poisson 分布，考虑变质产品调整价格时的成本，基于不同的定价调整频率提出四个动态定价模型。尽管随机性需求更贴近真实的商业环境，但是目前绝大多数研究仍然集中在确定性需求的研究上，随机性需求的研究因为其问题的复杂性和建模的困难性，一直是研究的难点。

2. 变质率

传统的库存理论把库存的减少归结于市场对产品的需求，却忽视了产品变质导致的库存减少。现实生活中存在着大量的易变质产品，如水果、蔬菜、牛奶、肉食、药品、香水、鲜花等。这些产品的变质率往往非常高，对库存管理和库存决策有不可忽视的影响。

变质特性是变质产品库存管理中一个现实存在且非常重要的因素。在围绕产品的变质率进行研究时，最早的文献涉及的变质率多为固定值(假设产品在整个周期内由各种原因引起的固定变质)。Ghare 和 Schrader(1963)在变质率为常数的假设下，首先对变质引起的库存水平变化这一情况进行了描述。之后，许多研究者开始从常数变质率的角度研究变质产品库存。Lin 和 Lin(2007)假设需求率和变质率均为常数，研究两级合作库存策略。Chan 等(2017)研究了一个常数变质率下的生产库存模型。Singh 等(2010)假设变质率为常数，而需求与库存水平有关，针对同一管理者管理两个商店的情况建立库存模型。在 Ghare 和 Schrader(1963)的研究之后，Covert 和 Philip(1973)、Philip(1974)分别考虑变质率是两参数和三参数的 Weibull 分布，对 Ghare 和 Schrader 的模型进行了扩展。Tadikamalla(1978)讨论了无积压情况下的相同模型，假设变质率服从 Gamma 分布。之后，越来越多的研究考虑变质率是时间的线性函数、负指数函数、两参数的 Weibull 分布函数、三参数的 Weibull 分布函数或者其他与时间相关的函数。Dye(2007)建立了变质率时变且回购率依赖时间的变质库存模型。Sarkar(2012)在补货率有限和延迟支付下，认为变质率与时间相关并建立 EOQ 模型，后又与 Sarkar(2013)在考虑产品积压率随时间变化的情况下改进了库存模型，并确定最优的订货周期。王淑云等(2015)研究了一个变质率服从三参数 Weibull 分布的生产商、分销商和零售商组成的三级易腐产品的库存系统。

在变质产品库存管理中，有部分文献认为库存中的变质不是立即发生的。Wu 等(2006)将成本优化作为决策目标分析非立即变质产品的最优补货策略。Chang 等(2010)修正了 Wu 等(2006)的模型，将总收益作为优化的目标。Dye(2013)也对这一类问题进行了研究，不同之处在于零售商可以通过在变质期内投资保鲜技术来控制变质率。Maihami 和 Karimi(2014)研究了非立即变质产品库存的定价和补货。Tiwari 等(2016)考虑通货膨胀下供应商允许零售商延迟支付的情况，研究具有两个仓库的非立即变质产品库存时的最优补货策略。

随着研究的深入，很多文献开始对变质率的模式进行更多的探索。De Keizer 等(2017)认为在不同的温度、不同的阶段下，异质质量的产品具有不同的变质率。Ketzenberg 等(2018)研究了当随机的变质率受时间和温度影响时，如何设置产品的保质期。Halim 等(2008)研究了随机需求下部分短缺量拖后以及产品变质率为模糊数情况下的订货策略。

总的来说，需求是整个库存系统的推动力，是库存问题研究最重要的因素之一；变质率诠释了变质产品易变质的本质，是研究变质产品库存问题的关键之一。除此之外，变质产品的库存研究中还考虑了变质产品交付时间(Kouki et al.，2015)，积压或缺货(Taleizadehard Nematollahi，2014；Sarkar B and Sarkar S，2013)，价格折扣(Li et al.，2012)，通货膨胀及延迟支付(Singh and Patenayak，2014，wu et al；2018)等因素对库存决策的影响。除了这些因素，一些文献将生产能力(Talei zadeh et al.，2015)或存储能力作为约束建立变质产品库存模型，另一些文献则从消费者角度考虑了先进先出(first input first output，FIFO)或后进先出(last input first output，LIFO)的库存调出规则(Haijema，2014；Wee and widyadana，2013；Pauls-Worm et al.，2016)。其他角度诸如多种产品的变质产品库存管理(Akcay et al；2010)，多个阶段的变质产品库存管理(Cai et al；2010)，以及考虑补货问题(Maihami and karlmi，2014)和定价问题(Zhao et al.，2012；Chen et al；2014)的变质产品库存管理，或将变质产品的库存管理与信息不对称、随机性等因素结合的研究内容(Goyal and Giri，2001)等，同样是变质产品库存优化决策研究的重要范畴。

2.3　生鲜农产品库存方面的研究

在生鲜农产品库存方面，一些研究者针对生鲜农产品的时鲜性特点，对单种生鲜农产品的库存和订货进行了研究。Pauls-Worm 等(2016)考虑波动的随机需求，并在产品浪费最小化的前提下分析生鲜农产品最优的生产批量。陈军和但斌(2010)从供应链协调角度，假设变质率和新鲜度分别是保鲜努力水平的线性函数，研究了零售商和分销商的保鲜努力水平对流通损耗的影响，分析生鲜农产品订货策略。但斌等(2011)以消费者效用最大化为目标建立 EOQ 模型，考虑不同保鲜形式下对应不同的成本，对生鲜农产品供应链中零售商保鲜和供应商保鲜这两种不同的保鲜形式进行分析。王丽娟和侯云先(2014)基于农产品市场延期支付的假设，设定生鲜农产品的变质率为常数，研究市场需求呈 Weibull 分布下的最优订货量等库存决策。陈弘等(2012)从价值角度认为生鲜农产品的生长增值性对于提升农超对接绩效具有正向作用，建立需求依赖产品成熟度的超市生鲜农产品库存成本模型，研究了超市在生鲜农产品生长增值期内的多次库存补货策略。Avinadav(2009)考虑生鲜农产品的质量对需求的影响，对经典 EOQ 模型进行了扩展。Herbon 等(2012)研究了针对不同顾客差异化定价的生鲜农产品库存模型，并且分析了新鲜度敏感型顾客的生鲜农产品订货决策。Baron 等(2010)研究了生鲜农产品需求服从指数分布和 Poisson 分布下的最优库存策略和最低成本。但斌和丁松(2012)考虑不同的顾客偏好，通过分析需求挤兑效应对零售商的影响来研究生鲜农产品的二次补货策略。王婧和陈旭(2012)研究了考虑流通损耗的生鲜农产品零售商期权协调订货策略。Yu 等(2012)对包含快速变质的生鲜原料和较慢变质的生鲜制品的一个库存系统进行研究，分析不同性质生鲜农产品的共同补货周期和原料的补货频率。张伟和周根贵(2015)研究零售商和供应商组成的二级生鲜农产品供应链订货问题，在允许零售商一次提前订购的情况下，建立供应商的一次供货和二次供货模型。

2.4 本章小结

尽管变质产品的库存管理、生鲜农产品库存及 RFID 等传感技术在生鲜农产品供应链中的应用已有了许多有意义的研究工作，但是对生鲜农产品特性下的生鲜农产品库存决策问题的研究有待进一步深入。考虑质量因素的生鲜农产品库存优化决策问题，还未有研究者开展过系统研究；结合物联网相关技术，基于数据驱动研究生鲜农产品库存优化决策，在理论上也存在许多空白。本书全面考虑质量因素，结合优化方法和数据驱动方法研究生鲜农产品的库存优化决策具有一定的创新性，具体表现如下。

(1) 目前，关于生鲜农产品库存决策的研究多是基于变质产品库存研究进行的，主要从变质率和需求对库存水平的影响方面对库存决策进行分析。虽然也有部分研究围绕新鲜度等质量因素分析生鲜农产品库存，但是缺乏专门针对生鲜农产品这种特殊变质产品的库存优化方法的研究，也没有生鲜农产品质量因素影响库存决策的系统研究。然而，生鲜农产品生产的季节性和周期性，流通的易腐性和鲜活性，消费的时效性和品质性，供应链模式的多样性和复杂性等特性，使生鲜农产品库存中存在与其他变质产品库存不同的特性和问题。基于生鲜农产品质量因素，全面系统研究多种质量因素影响下的生鲜农产品库存优化问题，是变质产品库存理论发展的一个重要方向。

(2) 目前，关于生鲜农产品库存管理方面的研究模型仍为以传统变质库存模型为主的优化模型，无论是需求率还是变质率的刻画大多是固定模式的参数形式。但事实上，在不同种类生鲜农产品的不同库存环境和市场环境中，需求率及变质率均随时变化和实时更新，其模式更是具有复杂性和动态性。基于生鲜农产品质量因素的全面考虑，探讨质量因素和库存成本、库存决策之间的数量和逻辑关系，并基于数据驱动构建和分析复杂模型，是 RFID 等物流技术在生鲜农产品供应链应用研究中的重要内容。

第3章　变质率可控的生鲜农产品库存优化决策

在对变质产品库存管理的研究中，变质率都是建立变质产品库存模型和影响变质产品库存管理决策的一个重要因素。变质率大多作为一个数量指标，反映库存水平因为变质产品的变质而产生的数量损耗。事实上，变质率不仅影响产品的绝对数量(产品腐败到一定程度将无法进行销售)，而且能够反映产品的质量情况。变质率造成的产品质量变化会导致顾客对产品需求的降低。

在对变质产品库存的研究中，大多假设产品的需求为固定且连续的，或假设需求与时间有关，与库存数量有关，与变质产品价格有关，以及假设需求服从一定的概率分布等。此外，有少部分研究考虑了变质产品的需求与变质产品的质量因素(如生命期、保质期、新鲜度)等有关。Fujiwara 和 Perera(1993)首次在 EOQ 的变质库存模型中描述了变质效用对需求的影响，他们提出用一个指数形式的惩罚函数来衡量库存中保持产品新鲜程度的成本，通过指数项的二次近似式得到经济订货批量。Sarker 等(1997)综合考虑库存年龄对需求的影响。在他们的生产库存模型中，假设需求函数在库存的补充阶段是一个常数，在库存的消耗阶段是瞬时库存水平的减函数。Dobson 等(2017)基于消费者需求随变质产品的生命期或保质期的缩短而减少这一假设，建立了一个确定的

EOQ模型，将变质产品的质量和对消费者效用的影响通过变质产品的生命期来体现。肖勇波等(2008)从质量方面考虑生鲜农产品的新鲜度会影响需求，研究了远距离运输情况下两级生鲜农产品供应链的协调。Cai等(2010)研究了生鲜农产品供应链的协调，并考虑保鲜的努力程度是一个具有上界和下界的变量，认为保鲜努力既影响生鲜农产品的新鲜度，又影响市场需求，提出一个权衡成本和收益的相关模型。但是很少有学者指出需求与产品的变质率有关。事实上，诸如生鲜农产品这样的变质产品，其变质率在一定程度上反映了农产品的新鲜程度，可以作为农产品的质量指标而在产品价格一定的情况下直接影响市场需求。

在考虑需求与变质率有关的极少数研究中，大多假设变质率是一个固定的常量或形式。Lodree等(2008)考虑市场需求与生鲜农产品的变质率有关，提出生鲜农产品的变质使随机的市场需求被部分满足下的生鲜农产品生产计划。励凌峰等(2004)研究了变质率呈三参数Weibull分布的易腐产品的最优采购与库存策略，他们假设需求是随机的，但与变质率密切相关。然而，变质率常常是变化的，在许多生鲜农产品的管理和操作实践中，可以通过增加额外的成本对生鲜农产品的变质率进行控制。当有额外的保鲜方面的投入时，产品的变质率会降低。Hsu等(2010)认为投入保鲜技术可以减少变质产品的变质率并提出一个包含最优保鲜技术成本的变质产品库存策略。Dye和Hsieh(2012)假设保鲜技术成本是补货周期长度的函数，探讨了保鲜技术的投入对减少变质率的影响。Tsao(2016)通过整合信用交易和直接影响变质率的保鲜，为变质产品设计了一个供应链网络。Dye和Hsieh(2013)考虑保鲜可以减少变质率，建立了一个两级信用交易下的确定的EOQ模型。Lee和Dye(2012)考虑将保鲜技术成本作为一个变量影响变质率，并建立需求受库存水平影响的变质产品库存模型。

3.1 生鲜农产品的变质率

作为一种特殊的变质产品，新鲜果蔬、肉类等生鲜农产品较其他类变质产品有着明显的不同。生鲜农产品通常具有短货架期及高变质率等特点，因此在供应链中的损耗巨大。在许多发展中国家，生鲜农产品由于腐坏变质造成的损耗率高达30%。

近年来，物流技术和相关科技的进步使对生鲜农产品变质率的有效测量和控制成为可能。一个事实是，同一种生鲜农产品(如水果、蔬菜、肉类等)的变质率在不同的库存环境中并不相同。例如在室温中，柿子在两三天后开始变黑，变质，但如果将其冷藏，则可以在更长的时间内保持新鲜。Blackburn 和 Scudder(2009)的研究表明，生鲜农产品的质量在稳定的库存环境中几乎保持不变，农产品的损失(变质率)随着库存环境中温度的升高而增加。这意味着在周围环境稳定的库存情况下农产品的变质率几乎不变，而如果改变库存时的温度或湿度，其变质率会发生相应的变化。当然，在改变库存条件时，零售商相应的成本也会发生变化。比如，如果投资了更好的库存设备，并且使用更多的人力和能源(如电力)提高保鲜的水平，生鲜农产品的变质损失则会因为较低的变质率而减少，但同时与保鲜相关的边际库存持有成本(称为保鲜成本)会相应增加，即降低变质率的同时增加了保鲜成本。需要说明的是，在实际的生鲜农产品库存管理中，控制损失常常是管理决策中最为重要的一个管理目标，成本有时则是次要的。

生鲜农产品的变质率事实上会影响消费者的需求。首先，生鲜农产品的新鲜度是反映产品质量的一个非常重要的因素，且新鲜程度可以由有经验的消费者从对农产品外观的直接观察中获知。相同价格下生鲜农产品越新鲜，消费者越愿意购买。不同于其他类型变质产品的是，生鲜农产品的变质率和产品的新鲜度有着直接的关系，生鲜农产品的新鲜程度从一定程度上直接反映了变质率的大小。产品入库时越新鲜，其库存时的变质率越低，并且变质率越低的产品能够维持新鲜的时间越长。因此，可以将变质率这种数量指标作为一个影响生鲜农产品需求的质量指标，从而变质率可控下的生鲜农产品的需求模式、成本内容和其库存管理与其他类型变质产品有着明显不同。

因此，本章通过考虑生鲜农产品运作层面的一个关于保鲜的成本变量，以及质量指标和市场反应，对生鲜农产品的库存优化决策进行研究。假设生鲜农产品的价格一定，并处在一定的销售周期内，市场需求随着变质率的降低而增加。进一步地，假设通过一个反映保鲜技术和保鲜努力程度的成本变量，可以控制生鲜农产品变质率的大小。然后，构建这种将变质率作为质量指标，可控变质率的变质产品库存管理问题模型，并分析在不同的变质性下模型的动力学性质和最优库存策略，得到分析结果并进行敏感性分析，给出相应的管理启示。

3.2　变质率可控的生鲜农产品库存优化模型

3.2.1　符号和假设

本节考虑变质率是可控的，同时考虑这样一个库存系统：其变质率可控，且变质率作为质量指标可以影响需求。将变质率和订货批量、订货周期一起作为决策变量，目标是最小化零售商的总成本。本章提及的主要符号和符号描述见表 3.1。

表 3.1 相关符号

符号	符号说明
θ	可控的变质率，$0<\theta<1$
T	订货周期，两次订货间的时间间隔
Q	订货批量
D_0	固定的需求率
D	实际的需求率
δ	需求依赖质量的相关系数，$\delta>0$
$I(t)$	时间 t 的库存水平
A_θ	一次订货时固定的订货成本
c	单位采购成本
h	固定的单位库存持有成本
h_0	与保鲜有关的最大单位边际库存成本
h_θ	可控的单位边际库存持有成本(保鲜成本)，$0<h_\theta<h_0$
γ	保鲜系数，$\gamma=h_\theta/h_0$，$0<\gamma<1$
a	变质率和保鲜之间的关系系数，$a>0$
TC	单位时间的总成本

表中，θ、T 和 Q 是决策变量。其中 T 和 Q 分别为订货周期和订货批量，θ 表示可控的变质率。库存变化同时受到市场需求和库存中的变质损耗的影响，并且假设可以通过调节库存和保鲜的条件控制变质率 θ，即假设可以通过边际库存持有成本 h_θ 改变 θ。例如，较低的库存温度和合适的库存湿度可以减少生鲜农产品的损坏，从而降低产品的变质率。在同一种产品的库存中，不同的可控的单位边际库存持有成本 h_θ 对应不同程度的变质率水平，当变质率变化时，市场需求和库存损耗都发生变化，相应的各项成本也产生变动。因此，将 θ、T 和 Q 共同作为影响最优库存决策的决策变量。

假设一个批量的 Q 在订货的同一时间同时到达，库存水平因为要满足市场需求及变质损坏而降低。当库存水平降为 0 时，新的一批量产

品 Q 又到达仓库。本章还假设经常出现在变质产品库存文献中的条件如下：补货速度无限大，订货提前期为 0；不允许缺货。

本章考虑以下两个部分的生鲜农产品库存持有成本：第一部分是固定的库存持有成本 h，这部分持有成本主要与仓库的租用空间等因素有关；第二部分是与保鲜有关的库存持有成本 h_θ，简称保鲜成本，这是一个单位边际库存持有成本，这部分成本常用来控制库存条件，可以通过调整库存条件(即调整保鲜成本 h_θ)来控制变质率。假设 h_0 为最大的单位保鲜成本(最大的单位边际库存持有成本)，即 h_0 为 h_θ 的上界(事实上 h_0 只是一种最为理想的状态，实际的边际库存持有成本很难达到这个上界，有 $h_\theta<h_0$)。定义 $\gamma=\frac{h_\theta}{h_0}$为保鲜系数，保鲜系数 γ 的值越大，变质产品的变质率越小，其越能维持较长时间的新鲜性。Cai 等(2010)指出，保鲜的努力程度对新鲜度的影响是一个幂函数的形式。本章中的生鲜农产品的新鲜度和变质率在数值上正好是一对相反的概念，因此生鲜农产品的变质率 θ 可表示为式(3-1)：

$$\theta=1-\gamma^{\frac{1}{a}} \tag{3-1}$$

式中，$a(a>0)$为变质率和保鲜之间的关系系数。因此，保鲜系数 γ 和可控的单位边际库存持有成本(保鲜成本)分别表示为式(3-2)和式(3-3)：

$$\gamma=(1-\theta)^a \tag{3-2}$$

$$h_\theta=h_0(1-\theta)^a \tag{3-3}$$

当最优的变质率确定时，最优的保鲜系数及最优的保鲜成本也可以随之确定。由式(3-1)，a 也是一个保鲜成本对变质率影响的规模参数。

由式(3-1)可知，如要减少变质率需增加保鲜成本。当变质率最小时，$\theta\to 0$，γ 趋向于 1，h_θ 无限接近于 h_0；相反，当变质率最大时，$\theta\to 1$，γ

趋于0，h_θ 接近于0。

本章假设需求 D 与生鲜农产品的质量有关，将变质率作为一个质量指标。这种假设基于这样一种常识：如果以相同的价格提供两种不同变质情况的生鲜农产品，消费者更愿意购买变质率小的产品。设需求为：

$$D=D_0-\delta \tag{3-4}$$

设当 $D_0-\delta\theta\leqslant D$，其中 D_0 是一个固定的需求率，δ 是需求依赖质量的相关系数，$\delta>0$。

3.2.2 模型的基本性质

图3.1显示了库存水平随时间变化的情况。在不同的变质率下订货批量不同，在一个订货周期中库存水平的下降不仅与市场需求有关，也与变质率有关。

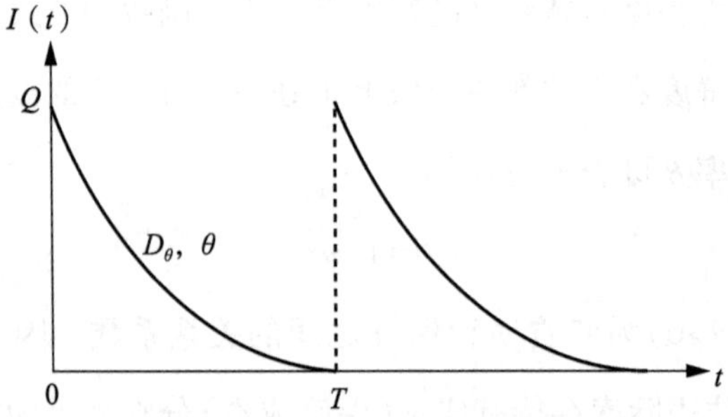

图3.1 库存水平变化图

表示库存水平变化的微分方程为：

$$\frac{\mathrm{d}I(t)}{\mathrm{d}t}=-\theta I(t)-(D_0-\delta\theta),0\leqslant t\leqslant T \tag{3-5}$$

其中的边界条件为 $I(0)=Q$ 和 $I(T)=0$，将边界条件代入式(3-5)可得到库存水平的曲线为：

$$I(t)=\frac{D_0-\delta\theta}{\theta}[e^{\theta(T-t)}-1],0\leqslant t\leqslant T \tag{3-6}$$

且：

$$Q=\frac{D_0-\delta\theta}{\theta}(e^{\theta T}-1) \tag{3-7}$$

一个订货周期内相关的库存成本包括订货成本 A_θ、库存持有成本 HC_θ 和变质成本 DC_θ，见表 3.2。进一步地，将库存持有成本分为两个部分，一部分是固定的库存持有成本 h，与库存空间等因素有关系；另一部分是边际库存持有成本 h_θ，与库存的条件控制有关，是与保鲜相关的成本。

表 3.2　成本符号

符　号	表达式	描　述
A_θ		订货成本
HC_θ	$[h+h_0(1-\theta)^a]\int_0^T I(t)\,dt$	固定和边际库存持有成本
DC_θ	$c\left[Q-\int_0^T(D_0-\delta\theta)\,dt\right]$	变质成本

则相关的单位库存总成本 TC 表示为：

$$\begin{aligned}TC(\theta,T)&=\frac{A_\theta+HC_\theta+DC_\theta}{T}\\&=\frac{A_\theta+cQ+[h+h_0(1-\theta)^a]\int_0^T I(t)\,dt}{T}-c(D_0-\delta\theta)\\&=\frac{A_\theta}{T}+\frac{1}{T}[h+c\theta+h_0(1-\theta)^a]\left[\frac{1}{\theta}(e^{\theta T}-1)-T\right]\frac{D_0-\delta\theta}{\theta}\end{aligned} \tag{3-8}$$

式中，A_θ 为订货成本，与变质率相关，即订货时除了劳动时间或材料成本等固定成本的投入，还有一部分与变质率有关的订货成本。

例如，想要得到更低的变质率可以投资更好的冷冻或冷藏设备，即可以通过改善库存条件来减少因变质而造成的损失。不论其他因素，零售商投资越多，订货成本越高，越可能获得更低的变质率。实际上，订货成本影响的是最优的保鲜能力，在固定的人力成本和固定材料成本等固定订货成本之外，随着保鲜能力的初始投资增加(订货成本增加)，保鲜能力增加，可控的单位边际库存成本的上限提高，并且一个固定的 A_θ 对应一个恒定的 h_0。本章的主要问题是零售商对已知的明确的最大保鲜能力进行库存决策，因此订货成本可以认为是已经确定的(保鲜能力的初始投资一定)。为了分析方便，将 A_θ 记为 A，代表保鲜能力的初始投资一定时的订货成本。通过泰勒展开式的前三项对总成本函数进行近似，得到下式：

$$\mathrm{TC}(\theta,T)=\frac{A}{T}+[h+c\theta+h_0(1-\theta)^a]\frac{D_0-\delta\theta}{2}T \tag{3-9}$$

式(3-9)中，单位平均总成本有最小值的必要条件(necessary conditions，NC)为$\frac{\partial \mathrm{TC}(\theta,T)}{\partial\theta}=0$ 和$\frac{\partial \mathrm{TC}(\theta,T)}{\partial T}=0$，可以得到式(3-10)和式(3-11)：

$$\frac{\partial \mathrm{TC}}{\partial\theta}=\frac{T}{2}[[c-h_0a(1-\theta)^{a-1}](D_0-\delta\theta)-[h+c\theta+h_0(1-\theta)^a]\delta]=0 \tag{3-10}$$

$$\frac{\partial \mathrm{TC}}{\partial T}=-\frac{A}{T^2}+[h+c\theta+h_0(1-\theta)^a]\frac{D_0-\delta\theta}{2}=0 \tag{3-11}$$

因此，如果 θ 的值固定，T 的最优值可以由式(3-11)直接得到。

定理 3.1. 对任意给定的 $\theta(\theta\in(0,1))$，平均总成本是订货周期的凸函数，并且在点 Q^*/T^* 处有最小值，其中：

$$Q^*=\sqrt{\frac{2A(D_0-\delta\theta)}{h+c\theta+h_0(1-\theta)^a}}$$

$$T^*=\sqrt{\frac{2A}{[h+c\theta+h_0(1-\theta)^a](D_0-\delta\theta)}} \tag{3-12}$$

最小的平均总成本为：

$$\mathrm{TC}^* = \sqrt{2A[h+c\theta+h_0(1-\theta)^a](D_0-\delta\theta)}$$

证明：对任意给定的 $\theta(\theta\in(0,1))$，由式(3-11)可以解得最优的订货周期为 $T^*=\sqrt{\dfrac{2A}{[h+c\theta+h_0(1-\theta)^a](D_0-\delta\theta)}}$，将 T^* 代入式(3-7)中可以得到最优的订货批量，即 $Q^*=\sqrt{\dfrac{2A(D_0-\delta\theta)}{h+c\theta+h_0(1-\theta)^a}}$。进一步的，检查成本关于订货周期的二阶导数，有 $\dfrac{\partial^2\mathrm{TC}(\theta,T)}{\partial T^2}=\dfrac{2A}{T^3}>0$，说明给定的变质率 θ 下，T^* 和 Q^* 是最小化平均总成本的最优解。将 T^* 代入式(3-9)中，可得到最小的平均总成本 TC^* 的表达式为 $\mathrm{TC}^*=\sqrt{2A[h+c\theta+h_0(1-\theta)^a](D_0-\delta\theta)}$。

［证毕］

确定的变质率与确定的保鲜成本有关，定理结果表明：对于任意给定的边际库存持有成本(保鲜成本)，最小化单位总成本的最优订货量 Q^* 和最优订货周期 T^* 不仅存在而且唯一。

定理 3.2　对任意给定的 T，如果 $\theta\in(0,1)$ 中的某个值 θ^* 满足条件 $\sum_{i=0}^{i=a} l_i(\theta^*)^i=\sum_{i=1}^{i=a} il_i(\theta^*)^{i-1}$，其中 $l_i(i=0,\cdots,a)$ 为式(3-10)中 $(\theta^*)^i$ 的相应系数，则 θ^* 是最优化平均总成本的最优解。

证明：T 固定时，成本函数关于变质率的一阶导数(3-10)可以写成 $\dfrac{\partial\mathrm{TC}(\theta,T)}{\partial\theta}=T\sum_{i=0}^{i=a} l_i\theta^i$，其中 $l_i(i=0,\cdots,a)$ 是 θ^i 相应的系数。当 $\theta^*(\theta^*\in(0,1))$ 满足 $\left.\dfrac{\partial\mathrm{TC}(\theta,\ T)}{\partial\theta}\right|_{\theta^*}=T\sum_{i=0}^{i=a} l_i(\theta^*)^i=0$ 和 $\left.\dfrac{\partial^2\mathrm{TC}(\theta,T)}{\partial\theta^2}\right|_{\theta^*}=T\sum_{i=1}^{i=a} il_i(\theta^*)^{i-1}>0$ 时，θ^* 是最优的变质率。因为 T 为订货周期，所以其值为非负，则有 $\sum_{i=0}^{i=a} l_i(\theta^*)^i=0$ 和 $\sum_{i=1}^{i=a} il_i(\theta^*)^{i-1}>0$。

［证毕］

当零售商决定采取相关措施减小变质率时，可以提高保鲜系数促使变质率下降。提高保鲜系数进行生鲜农产品的保鲜时，零售商将会增加与保鲜有关的边际库存持有成本，同时由于变质率的降低，变质成本将降低。当变质率降低时，与变质率相关的市场需求将增加，这样固定的库存持有成本会因为更多需求和更少损耗下的更多库存持有而增加。因此，只有当增加的库存持有成本(边际库存持有成本和固定的库存持有成本)低于减少的变质成本时，采取额外的保鲜才是成本有效的，且最优的订货周期和最优的订货批量可能延长和变大。

3.3 变质率和保鲜的关系系数讨论

本章将变质率作为决策变量，在同一种生鲜农产品(不变的 a)的库存决策优化中只要得到最优的变质率，最优的保鲜系数也可以由式(3-2)得到。由 $\theta=1-\gamma^{\frac{1}{a}}$，变质率不仅可由保鲜系数 γ 控制，还与关系系数 a 相关。事实上，在相同的库存条件和同样程度的保鲜系数下，不同种类生鲜农产品的变质率会因不同种类产品的变质性不同而大不相同。不同种类生鲜农产品的变质性不同，体现在变质率和保鲜的关系系数取值的不同。在对生鲜农产品的总成本进行分析的过程中，发现关系系数 a 的取值不同会有不同的模型性质，所以本节对 a 的不同取值分情况进行讨论。

3.3.1 一种简单情况下的优化决策及决策步骤

由 3.2 节，进一步分析平均总成本关于变质率的二阶导数为：

$$\frac{\partial^2 \mathrm{TC}(\theta,T)}{\partial\theta^2}=\frac{T}{2}[-2\delta c+2\delta h_0a(1-\theta)^{a-1}+(D_0-\delta\theta)h_0a(a-1)(1-\theta)^{a-2}] \tag{3-14}$$

式(3-14)的结果比较复杂，不太容易直接对二阶导数的正负做出判断。但应注意到的是，当 $a=1$ 时，式(3-14)的形式可以极大地简化为：

$$\frac{\partial^2 \mathrm{TC}(\theta,T)}{\partial\theta^2}=\frac{T}{2}[2\delta(h_0-c)] \tag{3-15}$$

此时，对最优解的分析变得比较简单。

定理 3.3　当 $a=1$ 并且 $c\leqslant h_0$ 时，最优的变质率为 $\theta^*\to 1$，相应的最优订货批量为 $Q^*=\sqrt{\frac{2A(D_0-\delta)}{h+c}}$，最优的订货周期为 $T^*=\sqrt{\frac{2A}{(h+c)(D_0-\delta)}}$。

证明：当 $a=1$ 时，有 $\frac{\partial \mathrm{TC}}{\partial\theta}=\frac{T}{2}[(c-h_0)(D_0-\delta\theta)-(h+c\theta+h_0(1-\theta))\delta]=\frac{T}{2}[(D_0-2\delta\theta)(c-h_0)-\delta(h+h_0)]$。显然若 $c\leqslant h_0$，$\frac{\partial \mathrm{TC}(\theta,T)}{\partial\theta}$将始终为负，说明平均总成本关于变质率的一阶导数不可能等于 0。因此，在这种情况下，面对固定的订货周期，平均总成本随 θ 的增大而减少，即最优的变质率应为 $\theta^*\to 1$。对于零售商来说，最优的决策为对生鲜农产品不采取任何保鲜的措施，则有 $h_\theta\to 0$，最优保鲜系数 γ^* 为 0，而由定理 3.1 得到此时最优的订货批量和最优的订货周期分别是 $Q^*=\sqrt{\frac{2A(D_0-\delta)}{h+c}}$，$T^*=\sqrt{\frac{2A}{(h+c)(D_0-\delta)}}$。

[证毕]

相反，当 $a=1$ 并且 $c>h_0$ 时，由平均总成本有最小值的一个必要条件式(3-10)得到一个关于变质率的表达式(记为 θ_{NC})：

$$\theta_{NC}=\frac{D_0}{2\delta}-\frac{h+h_0}{2(c-h_0)} \tag{3-16}$$

在 $a=1$ 并且 $c>h_0$ 时，有 $\frac{\partial^2 \mathrm{TC}}{\partial\theta^2}=\frac{T}{2}[2\delta(h_0-c)]<0$，又 $\frac{\partial^2 \mathrm{TC}}{\partial T^2}=\frac{2A}{T^3}>0$，

可知订货周期一定时，平均总成本有极大值；变质率一定时，平均总成本有极小值。当订货周期和变质率同时变化时，平均总成本的图像是一个类似于马鞍面的图形。不难想象，最优的变质率只可能是 0 或 1。接下来将对 $a=1$ 并且 $c>h_0$ 这种情况进行更为详细的分析。

首先，变质率的最优解 θ^* 要有实际意义，只能满足 $0<\theta^*<1$，θ^* 的值超出这个范围时无意义。下面考虑 $0<\theta^*<1$，讨论 $a=1$ 并且 $c>h_0$ 时的不同情境，得到相关分析和管理启示。

定理 3.4 若 $\frac{D_0}{2\delta}-\frac{h+h_0}{2(c-h_0)}\geqslant 1$，最优的变质率为 $\theta^*\to 0$，相应的最优订货批量为 $Q^*=\sqrt{\frac{2AD_0}{h+h_0}}$，最优订货周期是 $T^*=\sqrt{\frac{2A}{D_0(h+h_0)}}$。

证明： 若 $\frac{D_0}{2\delta}-\frac{h+h_0}{2(c-h_0)}\geqslant 1$，$\theta_{NC}$ 超出了有意义的变质率范围。因此，在这种情境中，最优的变质率 θ^* 不能够直接等于 θ_{NC}，必须通过其他途径得到。观察 $a=1$ 时，平均总成本关于变质率的一阶导数 $\frac{\partial \mathrm{TC}(\theta,T)}{\partial\theta}=\frac{T}{2}[(D_0-2\delta\theta)(c-h_0)-\delta(h+h_0)]$，其表达式说明在订货批量（或订货周期）固定时，这个一阶导函数是关于变质率 θ 的线性函数。如果成本函数关于变质率的曲线的斜率为正，最优的解在 $\theta^*\to 0$ 处获得，此时可得到 $\gamma^*\to 1$；否则，该函数曲线的斜率为负时，最优解会在 $\theta^*\to 1$ 处获得，即意味着 $\gamma^*\to 0$。

首先，当 $c>h_0$ 时，由 $0<\theta<1$ 得到 $(D_0-2\delta)(c-h_0)-\delta(h+h_0)<(D_0-2\delta\theta)(c-h_0)-\delta(h+h_0)<D_0(c-h_0)-\delta(h+h_0)$。

其次，因为 $\frac{D_0}{2\delta}-\frac{h+h_0}{2(c-h_0)}\geqslant 1$，有 $(D_0-2\delta)(c-h_0)\geqslant\delta(h+h_0)$。将 T^*

代回到式(3-10)，由 $c>h_0$ 可得到：

$$\frac{\partial \mathrm{TC}(\theta,T^*)}{\partial\theta}>\frac{T^*}{2}[(D_0-2\delta)(c-h_0)-\delta(h+h_0)]\geqslant 0$$

这意味着成本函数关于变质率的曲线的斜率始终为正。因此，固定的订货批量下，此时的平均总成本随着 θ 的增加而变大，有 $\theta^*\to 0$。零售商最优的决策为尽最大努力对生鲜农产品进行保鲜，$h_\theta\to h_0$，保鲜系数是 $\gamma^*\to 1$。由定理 3.1，相应的最优订货批量和订货周期分别是 $Q^*=\sqrt{\frac{2AD_0}{h+h_0}}$，$T^*=\sqrt{\frac{2A}{D_0(h+h_0)}}$。

[证毕]

定理 3.5　若 $\frac{D_0}{2\delta}-\frac{h+h_0}{2(c-h_0)}\leqslant 0$，最优变质率 $\theta^*\to 1$，相应的最优订货批量为 $Q^*=\sqrt{\frac{2A(D_0-\delta)}{h+c}}$，最优订货周期是 $T^*=\sqrt{\frac{2A}{(h+c)(D_0-\delta)}}$。

证明：基于同样的考虑，由 $\frac{D_0}{2\delta}-\frac{h+h_0}{2(c-h_0)}\leqslant 0$ 可以得到 $D_0(c-h_0)\leqslant\delta(h+h_0)$。平均总成本关于变质率的一阶偏导数此时为：

$$\frac{\partial \mathrm{TC}(\theta,\ T^*)}{\partial\theta}<\frac{T^*}{2}[D_0(c-h_0)-\delta(h+h_0)]\leqslant 0$$

这意味着成本函数关于变质率的曲线的斜率始终为负。因此，在固定的订货批量下，平均总成本随着 θ 的增加而减少，最优的变质率应为 $\theta^*\to 1$。对于零售商来说，最优的决策为不采取任何措施对生鲜农产品进行额外的保鲜，即 $h_\theta\to 0$，最优保鲜系数是 $\gamma^*\to 0$。由定理 3.1，相应的最优订货批量和最优订货周期分别是 $Q^*=\sqrt{\frac{2A(D_0-\delta)}{h+c}}$ 和 $T^*=\sqrt{\frac{2A}{(h+c)(D_0-\delta)}}$。

[证毕]

定理 3.4 和定理 3.5 中，T^* 和 Q^* 的表达式的结构非常相似，不同之处在于定理 3.4 的表达式中没有变质率的相关内容，而定理 3.5 的表达式中没有边际库存持有成本的相关内容。

定理 3.6 若 $0<\frac{D_0}{2\delta}-\frac{h+h_0}{2(c-h_0)}<1$，有：

(1) $\theta_{NC}=\frac{D_0}{2\delta}-\frac{h+h_0}{2(c-h_0)}$，$Q_{NC}=\sqrt{\frac{2A\delta}{c-h_0}}$ 不是全局最优解。

(2) $\gamma^*\to 0$ 或 $\gamma^*\to 1$。

证明：(1) 若 $0<\frac{D_0}{2\delta}-\frac{h+h_0}{2(c-h_0)}<1$，令平均总成本最小化的一个必要条件为 $\theta_{NC}=\frac{D_0}{2\delta}-\frac{h+h_0}{2(c-h_0)}$，则将 θ_{NC} 代入式(3-11)可得到：

$$Q_{NC}=\sqrt{\frac{2A\delta}{c-h_0}}\left(T_{NC}=\frac{2}{D_0(c-h_0)+\delta(h+h_0)}\sqrt{2A\delta(c-h_0)}\right)$$

进一步，在点 $(\theta_{NC},T_{NC}/Q_{NC})$ 处若要有最小的平均总成本，最优解需满足 Hessian 矩阵

$$[\boldsymbol{H}]=\begin{bmatrix}\frac{\partial^2 \mathrm{TC}(\theta,T)}{\partial\theta^2} & \frac{\partial^2 \mathrm{TC}(\theta,T)}{\partial\theta\partial T}\\ \frac{\partial^2 \mathrm{TC}(\theta,T)}{\partial T\partial\theta} & \frac{\partial^2 \mathrm{TC}(\theta,T)}{\partial T^2}\end{bmatrix}_{(\theta_{NC},T_{NC})}$$

为正。当 $c>h_0$ 时，在 Hessian 矩阵中 $\left.\frac{\partial^2 \mathrm{TC}(\theta,T)}{\partial\theta^2}\right|_{(\theta_{NC},T_{NC})}=-T_{NC}\delta(c-h_0)<0$，$\left.\frac{\partial^2 \mathrm{TC}(\theta,T)}{\partial T^2}\right|_{(\theta_{NC},T_{NC})}=\frac{2A}{T_{NC^3}}>0$，Hessian 矩阵的值则为：

$$\left.\frac{\partial^2 \mathrm{TC}(\theta,T)}{\partial\theta^2}\frac{\partial^2 \mathrm{TC}(\theta,T)}{\partial T^2}-\left(\frac{\partial^2 \mathrm{TC}(\theta,T)}{\partial\theta\partial T}\right)^2\right|_{(\theta_{NC},T_{NC})}$$

$$=-\frac{1}{4}[D_0(c-h_0)+\delta(h+h_0)]<0$$

意味着点$(\theta_{NC},T_{NC}/Q_{NC})$只是一个鞍点。

(2)从上面(1)的证明中可知，虽然在固定的θ^*下可以求得T^*，但因为$\frac{\partial^2 TC(\theta,T)}{\partial\theta^2}<0$，$\theta^*$不能等于$\theta_{NC}$，即点$\theta_{NC}$其实是一个令平均总成本最大的点。可以想象平均总成本的曲线中，距离这个点越远，平均总成本将越小，在曲线参数范围值的两头($\theta\to 0$或$\theta\to 1$)才能有最小的平均总成本值，所以最优的变质率要么接近0，要么接近1，最优的保鲜系数一定是$\gamma^*\to 1$或$\gamma^*\to 0$。

定理3.6显示，当$0<\frac{D_0}{2\delta}-\frac{h+h_0}{2(c-h_0)}<1$时，固定的订货批量或订货周期下存在一些令平均总成本最大的点。当$0<\theta<\frac{D_0}{2\delta}-\frac{h+h_0}{2(c-h_0)}$时，平均总成本TC随着$\theta$的增大而增加；当$\frac{D_0}{2\delta}-\frac{h+h_0}{2(c-h_0)}<\theta<1$时，平均总成本TC随着$\theta$的增大而降低。因此，除了点$\theta_{NC}=\frac{D_0}{2\delta}-\frac{h+h_0}{2(c-h_0)}$，一定存在两个不同的$\theta$值，其对应的平均总成本相等。这意味着，有时零售商可以在同样的成本下降低变质率，减少库存浪费。

总之，当$a=1$并且$c>h_0$时，根据定理3.4、定理3.5和定理3.6可以将最优变质率写成一个分段函数：

$$\theta^*\to\begin{cases}0 & \frac{D_0}{2\delta}-\frac{h+h_0}{2(c-h_0)}\geqslant 1\\ 0 or 1 & 0<\frac{D_0}{2\delta}-\frac{h+h_0}{2(c-h_0)}<1\\ 1 & \frac{D_0}{2\delta}-\frac{h+h_0}{2(c-h_0)}\leqslant 0\end{cases}\tag{3-17}$$

以上的分析结果可以帮助零售商制定一个决策的步骤和依据准则（见表 3.3）。决策过程可以分为三步，第一步：比较采购成本和最大的边际库存持有成本，如果 $c \leqslant h_0$，最优的保鲜系数为 0；如果 $c>h_0$，需要根据$\frac{D_0}{2\delta}-\frac{h+h_0}{2(c-h_0)}$的值进行决策。第二步：当$\frac{D_0}{2\delta}-\frac{h+h_0}{2(c-h_0)} \geqslant 1$ 时，最优的保鲜系数接近于 1；当$\frac{D_0}{2\delta}-\frac{h+h_0}{2(c-h_0)} \leqslant 0$，最优的保鲜系数为 0；当 $0<\frac{D_0}{2\delta}-\frac{h+h_0}{2(c-h_0)}<1$ 时，进一步计算 $\theta \to 0$ 和 $\theta \to 1$ 下的平均总成本。第三步：选择结果最小的平均总成本对应的保鲜系数。可以将 $TC_{\theta \to 1}<TC_{\theta \to 0}$简化为 $\frac{\delta}{D_0}>\frac{c-h_0}{c+h}$；将 $TC_{\theta \to 1} \geqslant TC_{\theta \to 0}$简化为 $\frac{\delta}{D_0} \leqslant \frac{c-h_0}{c+h}$。

只要最优的保鲜系数为 0，相应的最优订货批量一定是 $Q^*=\sqrt{\frac{2A(D_0-\delta)}{h+c}}$，且最优平均总成本为 $TC^*=\sqrt{2A(D_0-\delta)(h+c)}$。只要最优的保鲜系数为 1，相应的最优订货批量和最优平均总成本就一定是 $Q^*=\sqrt{\frac{2AD_0}{h+h_0}}$和 $TC^*=\sqrt{2AD_0(h+h_0)}$。

表 3.3　决策步骤($a=1$)

步骤及结果	决策依据			
step 1	$c \leqslant h_0$	$c>h_0$		
step 2		$0<\frac{D_0}{2\delta}-\frac{h+h_0}{2(c-h_0)}<1$	$\frac{D_0}{2\delta}-\frac{h+h_0}{2(c-h_0)} \geqslant 1$	$\frac{D_0}{2\delta}-\frac{h+h_0}{2(c-h_0)} \leqslant 0$	
step 3		$\frac{\delta}{D_0}>\frac{c-h_0}{c+h}$	$\frac{\delta}{D_0} \leqslant \frac{c-h_0}{c+h}$		
γ^*	0	1	0	1	0

在 $a=1$ 且 $c \leqslant h_0$ 的情况下，零售商只存在一种最优的决策选择，即

不采取任何额外的保鲜措施对生鲜农产品进行保鲜。因为在这种情况中，变质成本低于最大的边际库存持有成本，即使不进行任何额外的保鲜，也不会增加多少成本；相反，如果零售商对生鲜农产品进行保鲜，因为增加的边际库存持有成本大于减少的变质成本，总的平均成本增加，保鲜在经济上是不划算的。这种现象在实际的生鲜农产品库存管理中也常常出现，如当一种生鲜农产品的采购价格非常便宜时，零售商不大愿意花费更多的成本对其进行保鲜，但当 $c>h_0$ 时情况会变得复杂。

表 3.3 显示，在一种简化了的($a=1$)生鲜农产品库存管理的决策中，零售商进行决策的关键是衡量 c 和 h_0 的大小。作为最大的边际库存持有成本，h_0 的值事实上是由 A_θ 确定的，越多的初始投资，零售商越能具有更好的保鲜条件，即 A_θ 的值越大，h_0 的值也会越大。但在这部分内容中，只考虑最大的边际库存持有成本(最大的保鲜能力)确定的情况，即订货成本 A_θ 确定为 A 的情况。在生鲜农产品的库存管理决策中考虑变化的订货成本影响保鲜能力，使最大的保鲜能力发生变化的更为复杂的库存决策应该是将来可以继续研究的内容。

3.3.2　复杂情况下的优化决策及管理启示

当零售商不采取任何额外的措施对生鲜农产品进行保鲜时，假设生鲜农产品的变质率接近 1。一旦采取某些保鲜措施进行保鲜时，即使是在同样的库存条件和保鲜成本下，不同种类生鲜农产品的变质率也是不同的。对应于模型，即不同种类生鲜农产品的变质率和保鲜之间的关系系数不同。例如，同一个库存中零售商付出同样的保鲜成本 h_θ，香蕉的变质率也明显不同于苹果的变质率。表 3.4 中，a 为式(3-1)中表示一个关系系数的参数，令保鲜系数 γ 始终为 0.5。

表 3.4 不同 a 下的变质率(γ=0.5)

参　数	参数取值						
a	…	$\frac{1}{3}$	$\frac{1}{2}$	1	2	3	…
θ	…	0.875	0.750	0.500	0.293	0.206	…

关系系数 a 越大，生鲜农产品的变质率就越小，这种生鲜农产品就越不容易腐败变质；相反，具有较小关系系数 a 的生鲜农产品是容易腐败变质的。

在 3.3.1 对 $a=1$ 时的库存优化决策的分析中，得到零售商最优的决策是，要么尽最大努力对生鲜农产品进行保鲜，要么不采取任何额外的保鲜措施。当生鲜农产品的变质特性更为明显，在更短的时间内就会腐败变质时($0<a<1$)，显然结论同 $a=1$ 的情况类似。

当 $a>1$ 时，由定理 3.2，平均总成本函数关于变质率的一阶导数可写成 $\frac{\partial \mathrm{TC}(\theta,T)}{\partial\theta}=T\sum_{i=0}^{i=a} l_i\theta^i$，其中 $l_i(i=0,\cdots,a)$ 是一阶导数展开式中 θ^i 的系数。当有 $\theta^*(\theta^*\in(0,1))$ 满足 $\left.\frac{\partial \mathrm{TC}(\theta,T)}{\partial\theta}\right|_{\theta^*}=T\sum_{i=0}^{i=a} l_i(\theta^*)^i=0$ 和 $\left.\frac{\partial^2 \mathrm{TC}(\theta,T)}{\partial\theta^2}\right|_{\theta^*}=T\sum_{i=1}^{i=a} il_i(\theta^*)^{i-1}>0$ 时，θ^* 为最优的变质率。将 θ^* 的值代回到式(3－12)和式(3－13)中容易得到最优的订货批量、订货周期和最小的平均总成本。

下面以两个数值例子来对上面的分析进行说明。

例 3.1　令 $a=3$，$D_0=100$，$A=50$，$\delta=25$，$c=10$，$h=8$，$h_0=13$。$\theta^*=0.622$ 满足 $\frac{\partial \mathrm{TC}(\theta,T)}{\partial\theta}\approx 0$ 和 $\frac{\partial^2 \mathrm{TC}(\theta,T)}{\partial\theta^2}\approx 1134T>0$，由定理 3.1 将 $\theta^*=0.622$ 代回式(3-12)和式(3-13)中，得到 $T^*=0.3$，$Q^*=23.8$，$\mathrm{TC}^*=355.0$。该例的图形如图 3.2 所示。

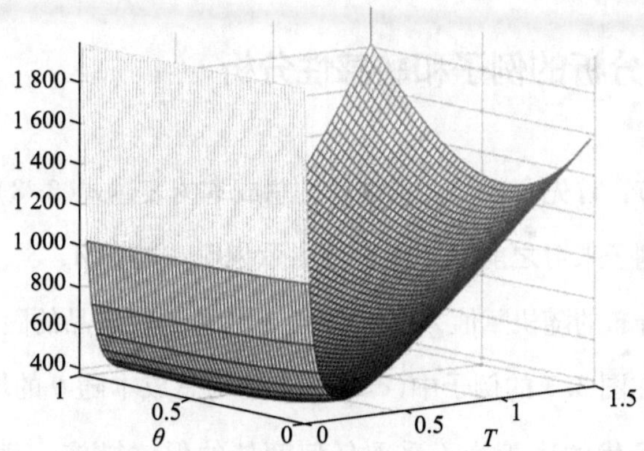

图3.2　两个变量 θ 和 T 下的平均总成本

例3.2　令 $a=5$，$D_0=100$，$A=20$，$\delta=24$，$c=15$，$h=10$，$h_0=8$。$\theta^*=0.277$ 满足 $\frac{\partial \mathrm{TC}(\theta,T)}{\partial\theta}\approx 0$ 和 $\frac{\partial^2\mathrm{TC}(\theta,T)}{\partial\theta^2}\approx 2725T>0$，同前，得到 $T^*=0.2$，$Q^*=15.4$，$\mathrm{TC}^*=242.4$。同样，这个例子的图形类似图3.2。

【管理启示】　对之前的内容进行总结，可得到如下管理启示。第一，对于零售商任意的边际库存持有成本 h_θ，令平均总成本最小的最优订货批量 Q^* 不仅存在而且唯一。第二，如果生鲜农产品容易腐败变质 $(0<a\leqslant 1)$，零售商决策的关键在于考量变质成本和最大的边际库存持有成本之间的大小。对于价格便宜的高易腐性生鲜农产品，零售商没必要进行保鲜；对于价格较贵的高易腐性生鲜农产品，在决策时需要考虑 $\frac{D_0}{2\delta}-\frac{h+h_0}{2(c-h_0)}$ 的值。但无论如何，对于这种短期内就容易变质腐败的生鲜农产品，零售商最优的保鲜决策是完全不进行保鲜或尽全力保鲜。第三，对于低易腐性的生鲜农产品 $(a>1)$，θ^* 和 Q^* 的值可以通过已知的参数值直接计算获得，而零售商的最优决策内容，包括最优的保鲜决策和最优的订货决策都可以随即得到。

3.4 数值分析的例子和敏感性分析

在3.4节，首先令 $a=1$，根据平均总成本的表达式(3-8)可以得到一系列数值的例子来对之前的分析进行图示说明。其中 A，δ，h，h_0，c 的取值为均匀分布的随机赋值，$D_0=100$ 为某种生鲜农产品的固有需求率。

首先，在图3.3的例子中($c\leqslant h_0$)，平均总成本随 θ 的增加而减少，因此零售商最优的决策为不采取任何额外的保鲜措施，意味着 $\gamma^*\to 0$ ($\theta^*\to 1$)。

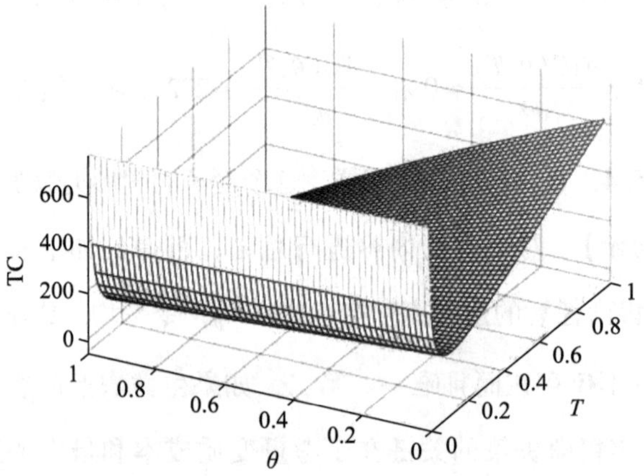

图3.3 两个变量 θ 和 T 下的平均总成本

另外，在一系列的数值例子中，得到三组关于 $c>h_0$ 的例子，如图3.4~图3.6所示。在图3.4中，$\frac{D_0}{2\delta}-\frac{h+h_0}{2(c-h_0)}\geqslant 1$ 时，在固定的订货周期下，平均总成本随 θ 值的增大而增加，因此最优的变质率为 $\theta^*\to 0$，零售商应该尽最大的能力对生鲜农产品进行保鲜，即 $h_\theta\to h_0(\gamma^*\to 1)$。图3.5中展示了$\frac{D_0}{2\delta}-\frac{h+h_0}{2(c-h_0)}\leqslant 0$ 的情境，正如定理3.5的结论，零售

商如常进行库存即可，不需要再采取额外的保鲜措施对生鲜农产品进行保鲜，$h_\theta \to 0(\gamma^* \to 0)$，$\theta^* \to 1$。当 $0 < \frac{D_0}{2\delta} - \frac{h+h_0}{2(c-h_0)} < 1$ 时，平均库存总成本将在点 $\theta = \theta_{NC}$ 处达到最大，如图 3.6 所示。在这种情境中，距离点 θ_{NC} 越远，平均总成本将会越小，零售商可以通过比较 $\theta \to 1$ 和 $\theta \to 0$ 处的平均总成本的大小来最优化其决策。

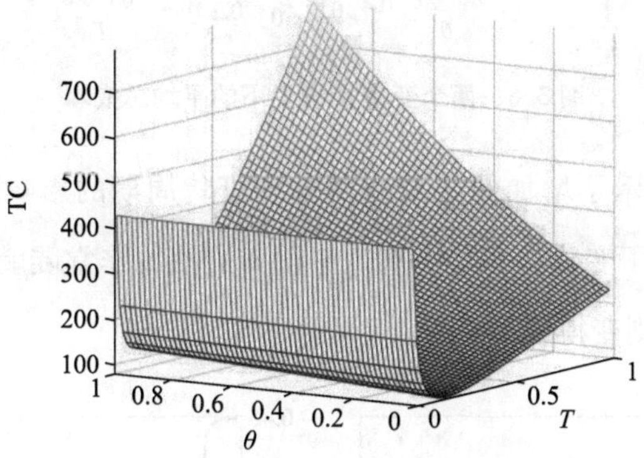

图 3.4　两个变量 θ 和 T 下的平均总成本

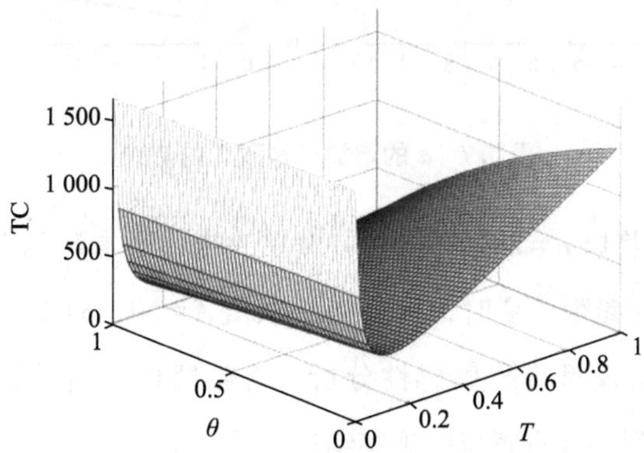

图 3.5　两个变量 θ 和 T 下的平均总成本

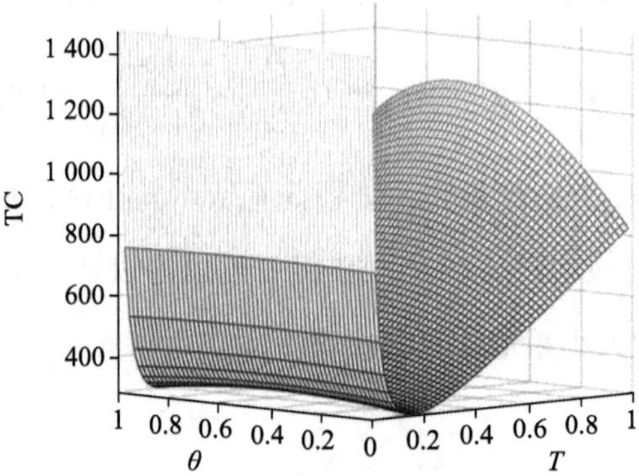

图 3.6　两个变量 θ 和 T 下的平均总成本

图 3.7 显示了增加的 a 对变质率和订货周期的影响。在 $a=1$ 处，曲线突然发生了变化；在 $a<1$ 时，θ 和 T 的曲线非常陡峭；在 $a>1$ 时，θ 和 T 的曲线则变得较为平缓。

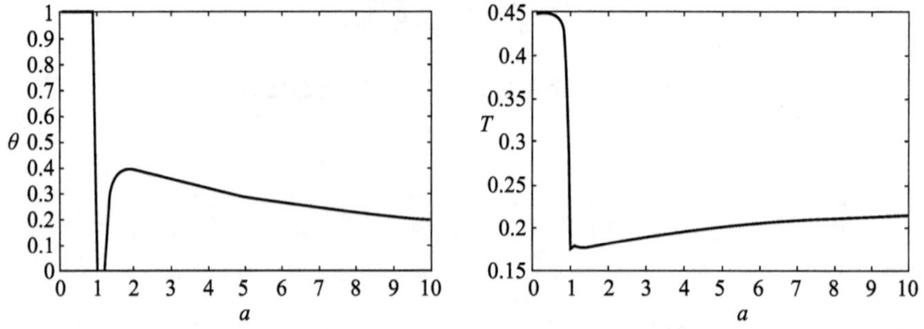

图 3.7　a 的增加对 θ 和 T 的影响

接下来，将以 $a=2$ 为例，并一次只改变一个参数的取值，令其他参数取值不变(参数不变时，保持初始取值 $A=50$，$\delta=25$，$c=10$，$h_0=13$，$h=8$)，对模型进行敏感性分析。将敏感性分析的结果总结在表 3.5 中，并得到一些有意思的观察结论。具体如下。

表 3.5 参数变化下的敏感性分析

参 数	取 值	θ^*	γ^*	T^*	Q^*	TC^*
A	90	0.733	0.071	0.339	30.1	510.4
	70	0.742	0.067	0.301	26.5	447.9
	50	0.753	0.061	0.257	22.3	376.4
	30	0.767	0.054	0.202	17.2	289.4
	10	0.787	0.045	0.119	9.9	165.2
δ	45	1.000	0.000	0.288	17.5	330.9
	35	0.887	0.013	0.269	20.1	357.2
	25	0.753	0.061	0.257	22.3	376.4
	15	0.666	0.112	0.248	23.6	391.7
	5	0.596	0.163	0.241	24.6	404.8
h_0	28	0.894	0.011	0.253	21.2	380.7
	23	0.869	0.017	0.254	21.4	379.9
	18	0.828	0.030	0.255	21.7	378.7
	13	0.753	0.061	0.257	22.3	376.4
	8	0.566	0.188	0.264	23.8	370.2
c	26	0.153	0.717	0.218	21.2	455.2
	21	0.352	0.420	0.223	20.9	441.9
	16	0.541	0.211	0.234	21.1	418.5
	11	0.719	0.079	0.252	22.0	384.5
	6	0.885	0.013	0.284	24.0	338.5
h	21	0.914	0.007	0.195	16.0	498.0
	16	0.848	0.023	0.213	17.8	455.8
	11	0.787	0.045	0.238	20.3	408.3
	6	0.731	0.072	0.274	23.9	353.2
	1	0.680	0.102	0.336	30.1	286.4

（1）参数 A 的变化仅仅对 Q^* 有明显影响。参数 δ、h_0 和 c 的变化对 θ^* 有较大的影响。参数 h 的变化对 θ^* 和 Q^* 都产生影响。

（2）当参数 A 的值减小，参数 h 的值增加时，最优订货批量 Q^* 的值将变小；当参数 δ、h_0、h 的值减少，参数 c 的值增加时，最优保鲜

系数 γ^* 的值将会变大。

(3)当参数 A 的值增大时，因为订货成本更多，需要更长的订货周期去抵消增加的订货成本，从而产生更多的库存持有成本，所以 T^*、Q^* 和 TC^* 的值都会增加。

(4)参数 δ 的变化直接影响需求率的大小，所以当参数 δ 的值减小时，需求率将增加。注意到减小的 δ 引起最优变质率 θ^* 的减小，更小变质率下的库存水平可以满足增加的需求，但产生了较高的库存持有成本(固定的库存持有成本和边际库存持有成本)而增加了总成本。

(5)当参数 h_0 的值减少而参数 c 的值增加时，最优的保鲜系数将增加。参数 h_0 的值越小，在同等保鲜努力下的可控的边际保鲜成本与最大边际保鲜成本之间的比率就越大，所以最优的保鲜系数增加。参数 c 的值越大，因为较高的采购成本，零售商的保鲜意愿越大，因此保鲜系数增加，则更多的采购成本和零售商更大的保鲜成本导致更高的总成本。

(6)当参数 h 的值减少时，零售商会增加边际库存持有成本来降低变质率。虽然用于保鲜的边际库存持有成本增加了，但固定的库存持有成本的降低和保鲜后变质成本的降低，总体上还是减少了总成本。

3.5 本章小结

本章是关于生鲜农产品库存管理问题的研究，综合了质量指标、市场反应和库存决策这些在生鲜农产品零售业中起到重要作用的因素。本章关注到这样一个现象：在生鲜农产品的价格固定时，相较于在货架上陈列了较长时间的旧产品，消费者更愿意购买新鲜的生鲜产品。这里假设一个销售周期内的生鲜农产品价格固定，而需求与生鲜农产品的变质率这种反映生鲜农产品变质特性的质量因素有关。做此假设的一个原因在于，以往很多研究仅认为需求与新鲜度相关，或仅假设保鲜可以降低生鲜农产品变质率。作为一种特殊的变质产品，生鲜农产品的新鲜度和变质率这两个指标之间具有很强的关联性，产品越新鲜，其变质率会越低；同时，变质率低的产品也意味着更长的新鲜时间。基于这种事实，本章直接考虑需求和变质率有关，而变质率可通过运作层面的一个成本变量进行控制，并且与生鲜农产品变质特性有关的保鲜和变质率之间的关系系数也影响变质率的大小。

本章提出将变质率作为生鲜农产品的一个质量指标，并且假设可以通过调节库存技术水平或保鲜努力的程度这些与成本相关的因素来控制变质率，建立了需求受质量指标影响和可控变质率下的生鲜农产品库存管理问题的模型，并分析了这个模型的动力学性质和在不同的关系系数下的零售商最优决策。对于零售商任意的边际库存持有成本，令平均总成本最小的最优订货批量不仅存在而且唯一。对于高易腐性的生鲜农产品，给出了最优决策的步骤，零售商决策的关键在于考量变质成本和最大的边际库存持有成本之间的大小关系。对于价格便宜的高易腐性生鲜农产品，零售商没必要进行保鲜，对于价格较贵的高易腐性生鲜农产品，要得到保鲜决策所需的参考值。但无论如何，对于这种短期内就容易变质腐败的生鲜农产品，零售商最优的保鲜决策是完全不进行保鲜或尽全力保鲜。对于低易腐性的生鲜农产品，零售商最优的保鲜决策（对应于最优的变质率）和最优的订货批量可以直接通过模型求解。最后，对分析的结果进行数值例子的图示说明，还给出了一个敏感性分析的结果，得到了相应的管理启示。

在本章的研究中，考虑一个稳定的库存环境中变质率是固定的，改变这个稳定的库存环境，投入与保鲜相关的技术或努力进行保鲜，则变质率会发生变化。在将来的研究中可以考虑随时间变化的变质率，从而重新对这个问题进行研究。此外，不固定的 A_θ 和不固定的 h_0 下的库存优化决策也是亟待研究的一项内容。

第4章　新鲜度影响下的生鲜农产品库存优化决策

生鲜农产品是一种特殊的变质产品，具有时鲜性、季节性等特性，在库存中还具有变质产品易腐易损的性质。但同时生鲜农产品又不同于一般的变质产品，其库存时的变质率不仅同库存条件、库存时间有关，还与农产品入库时的新鲜程度有关，即生鲜农产品的变质率和新鲜度之间有直接的关系。在基本的变质产品库存模型中，零售商考虑市场需求和库存变质损耗进行订货，其库存模型中的总成本一般包括固定的订货成本、变动的订货成本、库存持有成本和变质成本。因为变动的订货成本在优化求解中对最优解没有影响，所以往往在库存模型中被略去。但是，在实际的生鲜农产品供应链库存中，零售商往往会根据农产品的新鲜度给予不同的订货单价，则农产品的新鲜程度不仅直接影响订货成本，还因为变质率与其相关而间接影响库存持有成本和变质成本等。也就是说，在考虑库存总成本优化的生鲜农产品库存管理决策中，新鲜度将影响订货决策。基于此，本章考虑新鲜度对变质率和库存过程中相关成本的影响，对生鲜农产品的库存优化决策进行研究。

4.1 生鲜农产品的新鲜度

新鲜度是反映生鲜农产品品质特征的重要质量因素。Kim 等(2015)认为新鲜度是衡量变质产品质量水平的一种指标，并可以采用新鲜度计量器(freshness gauge，FG)来判断新鲜度的大小。他们在一种可食用产品的库存中使用新的自动识别和数据捕捉(automatic identification and data capture，AIDC)技术来自动识别和获取相关数据，并基于这些数据对产品的质量进行分析、构建模型，以及基于遗传算法得到最佳控制下的温度和湿度水平，目的是使这种产品的货架时间尽可能被延长。在生鲜农产品库存管理的研究中，将需求和新鲜度建立联系。Rajan 和 Steinberg(1992)认为需求与生鲜农产品的价格和新鲜度有关，而新鲜度随库存时间下降，需求则体现为价格和库存时间的函数。Bai 和 Kendall(2008)也认为生鲜农产品库存中新鲜度会显著影响产品需求。他们假设需求率依赖库存展示(货架上的产品数量)和产品的新鲜程度，而新鲜程度是一个随时间连续降低的已知函数，提出一个生命周期较短的生鲜农产品单周期库存和货架空间分配模型。Piramuthu 和 Zhou(2013)同样假设产品的新鲜度和产品陈列时的货架空间影响需求，并综合产品级的质量信息研究变质产品库存管理，扩展了 Bai 和 Kendall(2008)的模型。他们基于遗传算法分析模型，分析结果表明综合产品质量的库存管理可以增加零售商的总收益。但斌和陈军(2008)考虑生鲜农产品的新鲜度，不仅假设需求受生鲜农产品价格和新鲜度的影响，还将变质率也刻画成与新鲜度有关的函数，研究新鲜度衰减下的两级生鲜农产品的供应链协调。但斌等(2011)考虑消费者效用，假设需求与生鲜农产品的价格和新鲜度有关，分析了零售商单独对生鲜农产品进行保鲜和在生鲜农产品运输过程中进行保鲜这两种不同的保鲜情境。除此之外，有文献认为新鲜度影响生鲜农产品供应链各方收益及相应决策。Herbon 等(2011)研究了消费者对生鲜农产品的新鲜程度敏感，并且产品保质期随机变化的定价问题。他们认为价格随保质期缩短而降低的销售方法可以刺激消费，甚至可以刺激消费者购买快到保质期的产品，从而提高销售利润。Cai 等(2010)研究分销商远距离运输产品的生鲜农产品供应链，在他们的模型中，新鲜度影响供应链双方收益，并将保鲜努力程度作为一个决策变量，且分销商的保鲜努力程度直接影响产品到达市场的质量和数量。

这些文献在一定程度上考虑了生鲜农产品的重要特征——新鲜度，但这一特征对生鲜农产品库存决策影响的研究大多集中在假设需求受库存过程中的新鲜度影响上，而农产品入库时的新鲜度对库存决策的影响却少有文献涉及。此外，在以往的变质产品库存研究中，往往假设变质率是固定的常数或是与时间因素有关的变量，虽然少数文献对变质率和新鲜度的关系进行了刻画，但这些文献本质上还是将时间作为中介变量去关联变质率与新鲜度。除去时间这个因素，变质率也应该直接与库存环境和生鲜农产品入库时的新鲜程度有关。很少有文献在建立库存成本函数时将新鲜度直接对成本的影响考虑在内。事实上，不仅在订货时，订货成本受新鲜度的影响，保持较稳定的库存损耗时，库存持有成本也会受新鲜度的影响。因此，本章从生鲜农产品的新鲜度这个质量因素出发，假设新鲜度(反映生鲜农产品品质特征的质量指标)直接影响变质率(反映生鲜农产品数量特征的数量指标)，并将新鲜度对库存成本的影响考虑在内，构建模型分析生鲜农产品入库时的新鲜度对零售商订货成本、订货量及订货周期的影响。之后，考虑虽然变质率与新鲜程度有关，但受到库存环境和库存条件的影响，即在较好的库存环境下(低温干燥)，即使是新鲜度较低的农产品，也可以具有同较高新鲜度产品一样的变质率。总之，本部分综合变质损耗、订货价格、库存成本等多个库存管理中的要素研究新鲜度影响下的零售商库存优化决策。

4.2 变质率受新鲜度影响的最优订货决策

在生鲜农产品的库存中，变质率或是被假设为一个固定的常数，或是被假设为与时间变化相关的变量。事实上，生鲜农产品的变质率也会受到农产品入库时新鲜度的影响，在库存环境一定的情况下，生鲜农产品越新鲜，其变质率越低。本节基于固定变质率的生鲜农产品库存模型，研究在一定的库存环境和库存条件下，新鲜度影响变质率的生鲜农产品库存优化决策。

4.2.1 固定变质率下的生鲜农产品库存

在生鲜农产品的库存管理中，零售商需要考虑生鲜农产品的市场需求及易腐特性产生库存损耗进行订货。假设生鲜农产品的变质率已知并确定为一个固定值。库存的减少一部分是因为变质损耗，另一部分是因为满足市场需求。假设变质只影响库存水平，并不影响品质(即变质率可以理解为损耗率)，生鲜农产品只要没有变质，就有固定的需求，即假设生鲜农产品的需求是连续的。设一次的订货批量为 Q，当库存量降至零时，可立即得到补充。假设不允许缺货。相关符号及其定义见表 4.1。

表 4.1　相关符号及其定义

符　号	符号说明
Q	订货批量
T	订货周期，两次订货间的时间间隔
D	需求率
θ	生鲜农产品的变质率，$0<\theta<1$
A	一次订货时固定的订货成本
C	单个产品的采购成本(生鲜农产品的产品单价)
h	单位产品单位时间的库存持有成本
$I(t)$	t 时刻的库存水平
TC	单位时间的总成本

生鲜农产品的库存水平图如图 4.1 所示。

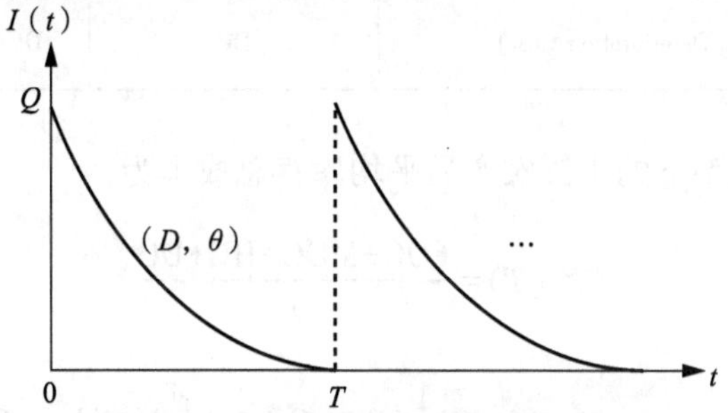

图 4.1　生鲜农产品的库存水平图

则库存水平的变化满足以下方程：

$$\frac{dI(t)}{dt}=-D-\theta I(t),0\leqslant t\leqslant T \tag{4-1}$$

且该方程满足两个边界条件：$I(0)=Q,I(T)=0$。

对式(4-1)求解，可得到库存水平曲线：

$$I(t)=\frac{D}{\theta}[e^{\theta(T-t)}-1],0\leqslant t\leqslant T \tag{4-2}$$

且有：

$$Q=\frac{D}{\theta}(e^{\theta T}-1) \tag{4-3}$$

零售商在固定的需求和固定的变质率下进行订货决策。零售商库存成本由四个部分组成：固定的订货成本、变动的订货成本（与生鲜农产品采购成本有关的订货成本）、库存持有成本及变质成本。具体见表4.2。

表4.2　成本相关符号

成　本	符　号	表达式
固定的订货成本（Fixed Ordering Cost）	FOC	$\mathrm{FOC}=A$
变动的订货成本（Marginal Ordering Cost）	MOC	$\mathrm{MOC}=CQ$
库存持有成本（Holding Cost）	HC	$\mathrm{HC}=h\int_0^T I(t)\,\mathrm{d}t$
变质成本（Deterioration Cost）	DC	$\mathrm{DC}=C\int_0^T \theta I(t)\,\mathrm{d}t$

固定变质率下的生鲜农产品平均库存总成本为：

$$\begin{aligned}\mathrm{TC}(T)&=\frac{\mathrm{FOC}+\mathrm{MOC}+\mathrm{HC}+\mathrm{DC}}{T}\\&=\frac{1}{T}\left(A+CQ+h\int_0^T I(t)\,\mathrm{d}t+C\int_0^T \theta I(t)\,\mathrm{d}t\right)\end{aligned} \tag{4-4}$$

将式(4-2)和式(4-3)带入式(4-4)中，有：

$$\begin{aligned}\mathrm{TC}(T)&=\frac{A}{T}+\frac{CD}{\theta T}(e^{\theta T}-1)+\frac{(h+C\theta)D}{\theta T}\int_0^T[e^{\theta(T-t)}-1]\,\mathrm{d}t\\&=\frac{A}{T}+\frac{D}{\theta T}(e^{\theta T}-1)\left(C+\frac{h+C\theta}{\theta}\right)-\frac{(h+C\theta)D}{\theta}\end{aligned} \tag{4-5}$$

当变质率和订货周期的乘数较小时，可以运用泰勒展开式 $e^{\theta T}\approx 1+\theta T+\frac{\theta^2T^2}{2}$ 进行近似计算，则式(4-5)可以简化为：

$$\mathrm{TC}(T)=\frac{A}{T}+\frac{D}{2}(2C\theta+h)T+CD \tag{4-6}$$

式(4-6)对订货周期 T 求一阶导有 $\frac{\mathrm{dTC}}{\mathrm{d}T}=-\frac{A}{T^2}+\frac{D}{2}(2C\theta+h)$，二阶导为 $\frac{\mathrm{d}^2\mathrm{TC}}{\mathrm{d}T^2}=\frac{2A}{T^3}$。因为 $\frac{2A}{T^3}>0$，所以平均总成本有最小值。设 T^* 为令平均总成本最小化的最优订货周期，则容易得到：

$$T^*=\sqrt{\frac{2A}{D(2C\theta+h)}} \tag{4-7}$$

而相应的最优订货量和最小成本分别为：

$$Q^*=\sqrt{\frac{2AD}{2C\theta+h}}+\frac{A\theta}{2C\theta+h} \tag{4-8}$$

$$\mathrm{TC}^*=\sqrt{2AD(2C\theta+h)}+CD \tag{4-9}$$

与基本 EOQ 模型的结论相比（$T^*=\sqrt{\frac{2A}{Dh}}$，$Q^*=\sqrt{\frac{2AD}{h}}$，$\mathrm{TC}^*=\sqrt{2ADh}+CD$）：变质率一定时考虑库存损耗下的模型中最优订货周期缩短，而最优平均总成本因为变质反而增加。但在库存中有变质损耗时，订货量不仅要满足需求，还要考虑因为变质损耗减少的部分。由式(4-8)，A、C、h 等参数的取值不同，Q^* 变化不能直接确定。

4.2.2　新鲜度影响变质率下的生鲜农产品库存

假设需求仍固定不变，但变质率与生鲜农产品入库时的新鲜程度有关。首先考虑一种简单的情况，即库存条件或库存环境一定时，新鲜度只影响变质率。

生鲜农产品是一种特殊的变质产品，订货时的生鲜农产品新鲜程度会影响库存时的变质率。当生鲜农产品入库时的新鲜度越大时，同样库存条件下的变质率越低；相反，当生鲜农产品入库时的新鲜度越小时，同样库存条件下的变质率会越高。设生鲜农产品入库(订货)时的新鲜程度为 $\eta(0\leqslant\eta\leqslant1)$，则变质率为 $\theta=\theta_0+\theta_\eta(1-\eta)$，其中 θ_0 是一个最优新鲜度情况下的固有变质率，θ_η 是与新鲜度有关的变质率系数，满足 $0<\theta_0+\theta_\eta<1$。当 $\eta=1$ 时，入库时的生鲜农产品最新鲜，变质率为 $\theta=\theta_0$；当 $\eta=0$ 时，产品的新鲜程度最低，变质率为 $\theta=\theta_0+\theta_\eta$。

在这种情况中，订货成本(固定的订货成本和变动的订货成本)、库存持有成本均与农产品新鲜度无关，只有变质率因新鲜度的不同而不同。零售商的单位库存总成本为：

$$\mathrm{TC}(T)=\frac{A}{T}+\frac{D}{2}[2C\theta_0+2C\theta_\eta(1-\eta)+h]T+CD \tag{4-10}$$

同 4.2.1 节，最优成本为：

$$\mathrm{TC}^*=\sqrt{2AD[2C\theta_0+2C\theta_\eta(1-\eta)+h]}+CD \tag{4-11}$$

最优订货周期为：

$$T^*=\sqrt{\frac{2A}{D[2C\theta_0+2C\theta_\eta(1-\eta)+h]}} \tag{4-12}$$

最优订货量为：

$$Q^*=\sqrt{\frac{2AD}{2C\theta_0+2C\theta_\eta(1-\eta)+h}}+\frac{A\theta_0+A\theta_\eta(1-\eta)}{2C\theta_0+2C\theta_\eta(1-\eta)+h} \tag{4-13}$$

这里分析新鲜度对库存决策和最优总成本的影响，容易看到当新鲜度 η 增加时，变质率将减小，最优的总成本降低。有如下定理 4.1。

定理 4.1 当生鲜农产品库存中的变质率与入库(订货)时的新鲜度有关时：

(1)新鲜度 η 越大，零售商的最优库存总成本 TC^* 越小。

(2)新鲜度 η 越大，最优订货周期 T^* 越大。

(3)当$\frac{A}{D}<K\left(\theta_0+\frac{h}{2C}\right)$时，新鲜度$\eta$越大，最优订货量$Q^*$越大。当$\frac{A}{D}>K\left(\theta_0+\theta_\eta+\frac{h}{2C}\right)$时，新鲜度越大，最优订货量$Q^*$越小。当$K\left(\theta_0+\frac{h}{2C}\right)\leqslant\frac{A}{D}\leqslant K\left(\theta_0+\theta_\eta+\frac{h}{2C}\right)$时，存在一个新鲜度的阈值$\eta'$：若$0\leqslant\eta\leqslant\eta'$，新鲜度越高，最优订货量$Q^*$越大；若$\eta'<\eta\leqslant 1$，则新鲜度越高，最优订货量$Q^*$越小。其中$K=\frac{4C^3}{h^2}$，$\eta'=1-\left(\frac{Ah^2}{4C^3D\theta_\eta}-\frac{2C\theta_0+h}{2C\theta_\eta}\right)$。

证明：由最优订货周期函数式(4-12)和最优成本函数式(4-11)，当η增加时，变质率减小，容易得出T^*增加，TC^*减少。

当新鲜度越高时，订货周期变大，订货量需满足更多时间内的市场需求。但因为变质率降低，抵消变质损耗的订货量减少。直接由最优订货量式(4-13)较难判断不同新鲜度下Q^*的变化，因此，需要进一步分析。

首先，$\frac{dQ^*}{d\eta}=\frac{C\theta_\eta}{2C\theta_0+2C\theta_\eta(1-\eta)+h}\sqrt{\frac{2AD}{2C\theta_0+2C\theta_\eta(1-\eta)+h}}-\frac{Ah\theta_\eta}{[2C\theta_0+2C\theta_\eta(1-\eta)+h]^2}$，由$\frac{dQ^*}{d\eta}\geqslant 0$可推出$\eta\leqslant 1-\left(\frac{Ah^2}{4C^3D\theta_\eta}-\frac{2C\theta_0+h}{2C\theta_\eta}\right)$，此时最优订货量随新鲜度的增加而增加；由$\frac{dQ^*}{d\eta}<0$可得到$\eta>1-\left(\frac{Ah^2}{4C^3D\theta_\eta}-\frac{2C\theta_0+h}{2C\theta_\eta}\right)$，则此时最优订货量随新鲜度的增加而减少。

现令$\eta'=1-\left(\frac{Ah^2}{4C^3D\theta_\eta}-\frac{2C\theta_0+h}{2C\theta_\eta}\right)$，令$K=\frac{4C^3}{h^2}$，有$\eta'=1-\frac{\frac{A}{D}-K\left(\theta_0+\frac{h}{2C}\right)}{K\theta_\eta}$。若$\eta'>1$，则因为新鲜度的范围在0到1，所以新鲜度

一定满足 $\eta<\eta'$；如果 $\eta'<0$，则一定能得到 $\eta>\eta'$；如果 $0\leqslant\eta'\leqslant 1$，则新鲜度 η 可能大于 η'，也可能小于 η'。

$\eta'>1\Leftrightarrow\dfrac{A}{D}<K\left(\theta_0+\dfrac{h}{2C}\right)$，$\eta'<0\Leftrightarrow\dfrac{A}{D}>K\left(\theta_0+\theta_\eta+\dfrac{h}{2C}\right)$，$0\leqslant\eta'\leqslant 1\Leftrightarrow K\left(\theta_0+\dfrac{h}{2C}\right)\leqslant\dfrac{A}{D}\leqslant K\left(\theta_0+\theta_\eta+\dfrac{h}{2C}\right)$。

综上可得，当 $\dfrac{A}{D}<K\left(\theta_0+\dfrac{h}{2C}\right)$ 时，η 一定满足 $\eta<\eta'$，则最优的订货量随新鲜度的增加而增加；当 $\dfrac{A}{D}>K\left(\theta_0+\theta_\eta+\dfrac{h}{2C}\right)$ 时，η 一定满足 $\eta>\eta'$，则最优的订货量随新鲜度的增加而减少；当 $K\left(\theta_0+\dfrac{h}{2C}\right)\leqslant\dfrac{A}{D}\leqslant K\left(\theta_0+\theta_\eta+\dfrac{h}{2C}\right)$ 时，若 $0\leqslant\eta\leqslant\eta'$ 有 $\dfrac{dQ^*}{d\eta}\geqslant 0$，若 $\eta'<\eta\leqslant 1$ 有 $\dfrac{dQ^*}{d\eta}<0$。

[证毕]

定理 4.1 说明，变质率在受新鲜度影响下，入库时的生鲜农产品较为新鲜时，零售商的库存总成本越低，收益越大。但并不一定是越新鲜，订货量就会越大。最优订货量在不同的范围内取值不同。

4.3 变质率和库存成本受新鲜度影响的最优订货决策

事实上，在生鲜农产品的库存中，变质率除了受新鲜度的影响，还和库存环境或库存条件有关。同样新鲜度下的生鲜农产品的库存环境或条件越好，其变质率越低。例如，同样新鲜度的生鲜农产品，较低温度下的产品变质率与常温下的变质率不同。但较低温度或湿度往往意味着更多的库存保鲜投入，即更高的库存持有成本，虽然库存持有成本增加，但变质率的降低使变质成本减少。除此之外，变动的订货成本也与新鲜度相关。在订货时，产品越新鲜，采购单价越高(变动的订货成本越高)；相反，产品越不新鲜，变动的订货成本越低。变质成本也与产品单价相关，意味着同等变质率下变质成本也会随新鲜度的变化而变化。

首先，令 $C=c\eta$(c 为新鲜度为 1 时，即生鲜农产品最新鲜时的单位采购成本)。生鲜农产品的库存策略有两种：变质率与入库时的新鲜度有关，库存条件始终不变；或库存条件变化，投入额外的成本进行保鲜，使库存时的生鲜农产品无论新鲜度高低都保持较低的变质率。如果维持库存条件不变，假设不变的库存持有成本表示为 h_0，变质率的表达式仍为 $\theta=\theta_0+\theta_\eta(1-\eta)$。如果库存条件发生变化，无论入库时的新鲜度如何，都可以通过库存持有成本的变化使变质率维持在一个固有的水平 θ_0(生鲜农产品的固有变质率)。设固有的变质率 θ_0 下的库存持有成本为 $h=h_0+h_\eta(1-\eta)$，其中 h_η 是持有成本系数，表示有一部分库存持有成本与新鲜度有关：η 越大，生鲜农产品越新鲜，为维持固有变质率 θ_0 的库存持有成本越小。当 $\eta=1$ 时，库存持有成本为 $h=h_0$，即不需要额外的成本保鲜，生鲜农产品就具有最低的固有变质率 θ_0；当 $\eta=0$ 时，库存持有成本为 $h=h_0+h_\eta$，即需要 h_η 的额外成本才能将生鲜农产品的变质率控制为固有变质率 θ_0。

本节首先对零售商不保鲜(即库存持有成本不变)的情况进行分析(新鲜度影响变质率和订货成本、变质成本)；其次对零售商保鲜，即库存持有成本额外增加的情况进行分析(新鲜度影响库存持有成本、订货成本和变质成本)；最后，对不保鲜和保鲜这两种情况进行比较，得到相应的管理决策。

4.3.1　库存持有成本固定下（不保鲜）的生鲜农产品库存

在不变的库存环境下，变质率只与生鲜农产品入库时的新鲜程度有关；而在订货时，采购价格也会与产品的新鲜度有关。如果产品新鲜，采购单价就高，生鲜农产品库存时的变质率较低；如果产品不新鲜，相应的采购单价较低，库存时的变质率较高。因此，新鲜度影响变质率，还影响(变动的)订货成本和变质成本。

同4.2节中的分析，零售商的单位总成本可表示为：

$$TC(T)=\frac{A}{T}+\frac{D}{2}[2c\eta\theta_0+2c\eta\theta_\eta(1-\eta)+h_0]T+c\eta D \tag{4-14}$$

同前，最优的单位总成本为：

$$TC^*=\sqrt{2AD[2c\eta\theta_0+2c\eta\theta_\eta(1-\eta)+h_0]}+c\eta D \tag{4-15}$$

最优的订货周期为：

$$T^*=\sqrt{\frac{2A}{D[2c\eta\theta_0+2c\eta\theta_\eta(1-\eta)+h_0]}} \tag{4-16}$$

最优的订货批量为：

$$Q^*=\sqrt{\frac{2AD}{2c\eta\theta_0+2c\eta\theta_\eta(1-\eta)+h_0}}+\frac{A\theta_0+A\theta_\eta(1-\eta)}{2c\eta\theta_0+2c\eta\theta_\eta(1-\eta)+h_0} \tag{4-17}$$

本节将分析新鲜度影响变质率和变动的订货成本及变质成本时，对订货决策和总成本的影响。有如下定理4.2。

定理4.2　当新鲜度影响生鲜农产品库存中的变质率，且订货成本也与新鲜度有关时，新鲜度和最优成本之间的关系如下。

(1)如果 $\theta_\eta-\theta_0\leqslant\sqrt{L}$，$\eta$ 越高 TC^* 越大。

(2)如果 $\theta_\eta-\theta_0>\sqrt{L}$，在 $\eta\in\left[0,\ \frac{\theta_0+\theta_\eta+\sqrt{L}}{2\theta_\eta}\right)$ 时，η 越大，TC^* 越大；在 $\eta\in\left[\frac{\theta_0+\theta_\eta+\sqrt{L}}{2\theta_\eta},1\right]$ 时，η 越大，TC^* 越小。

其中，$L=\frac{cD(\theta_0+\theta_\eta)^2+2D\theta_\eta h_0}{4A\theta_\eta+cD}$。

证明：由最优成本函数式(4－15)，将成本分为两个部分。令 $TC_M^*=\sqrt{2AD[2c\eta\theta_0+2c\eta\theta_\eta(1-\eta)+h_0]}$，$TC_N^*=c\eta D$。在成本 TC_M^* 中，函数 $2c\eta\theta_0+2c\eta\theta_\eta(1-\eta)$ 的图像如图 4.2 所示。

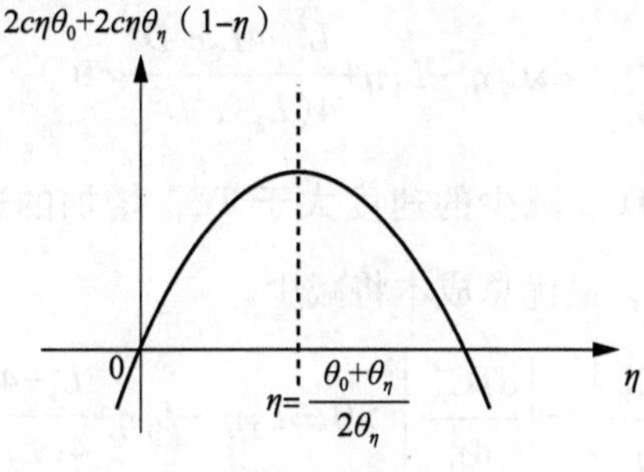

图 4.2　$2c\eta\theta_0+2c\eta\theta_\eta(1-\eta)$ 的函数图像

由图 4.2 看出当 $\eta=\frac{\theta_0+\theta_\eta}{2\theta_\eta}$时，$TC_M^*$ 取到最大值，而 $\eta<\frac{\theta_0+\theta_\eta}{2\theta_\eta}$时，$\eta$ 越大 TC_M^* 的值越大；$\eta>\frac{\theta_0+\theta_\eta}{2\theta_\eta}$时，$\eta$ 越大 TC_M^* 的值越小。但注意到 η 越大 TC_N^* 的值越大。则在 $0\leqslant\eta\leqslant\frac{\theta_0+\theta_\eta}{2\theta_\eta}$下，最优总成本随新鲜度的增加而增加；$\frac{\theta_0+\theta_\eta}{2\theta_\eta}<\eta\leqslant 1$ 下，虽然 TC_M^* 随 η 的增加而减小，TC_N^* 却随 η 的增加而增加。因此在这种情况下，随着新鲜度的变化，最优的总成本可能变大可能变小。

为了确定$\frac{\theta_0+\theta_\eta}{2\theta_\eta}<\eta\leqslant 1$ 时，最优总成本和新鲜度的关系，进一步比较 η 变化时 TC_M^* 和 TC_N^* 的变化速度。首先，$\frac{dTC_M^*}{d\eta}=\frac{1}{2}\frac{L_1-2L_2\eta}{\sqrt{L_1\eta-L_2\eta^2+L_3}}$ $(L_1=4ADc(\theta_0+\theta_\eta)$，$L_2=4ADc\theta_\eta$，$L_3=2ADh_0)$，$\frac{dTC_N^*}{d\eta}=cD$，则：

$$\left|\frac{\mathrm{dTC}_M^*}{\mathrm{d}\eta}\right|^2-\left|\frac{\mathrm{dTC}_N^*}{\mathrm{d}\eta}\right|^2<0$$

$$\Leftrightarrow\frac{1}{4}\frac{(L_1-2L_2\eta)^2}{L_1\eta-L_2\eta^2+L_3}<c^2D^2$$

$$\Leftrightarrow L_2\eta^2-L_1\eta+\frac{L_1^2-4L_3c^2D^2}{4(L_2+c^2D^2)}<0$$

此时，η 变化时，TC_N^* 减少的速度大于 TC_M^* 增加的速度，即生鲜农产品的新鲜度降低时，最优总成本将减少。

同理，有 $\left|\frac{\mathrm{dTC}_M^*}{\mathrm{d}\eta}\right|^2-\left|\frac{\mathrm{dTC}_N^*}{\mathrm{d}\eta}\right|^2>0\Leftrightarrow L_2\eta^2-L_1\eta+\frac{L_1^2-4L_3c^2D^2}{4(L_2+c^2D^2)}>0$，$\eta$ 变化时，TC_N^* 减少的速度小于 TC_M^* 增加的速度，即生鲜农产品的新鲜度增加时，最优总成本减少。

函数 $L_2\eta^2-L_1\eta+\frac{L_1^2-4L_3c^2D^2}{4(L_2+c^2D^2)}$ 的图像如图 4.3 所示。

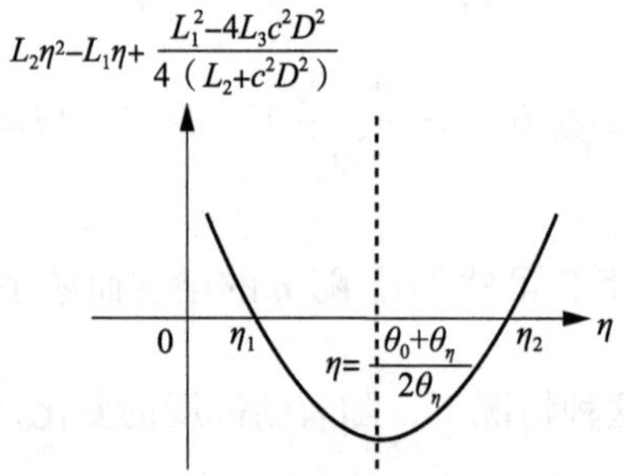

图 4.3 $L_2\eta^2-L_1\eta+\frac{L_1^2-4L_3c^2D^2}{4(L_2+c^2D^2)}$ 的函数图像

其中，$\eta_1=\frac{\theta_0+\theta_\eta-\sqrt{L}}{2\theta_\eta}$，$\eta_2=\frac{\theta_0+\theta_\eta+\sqrt{L}}{2\theta_\eta}$，而 $L=\frac{cD(\theta_0+\theta_\eta)^2+2D\theta_\eta h_0}{4A\theta_\eta+cD}$。

当 $\eta=\frac{\theta_0+\theta_\eta}{2\theta_\eta}$ 时，函数 $L_2\eta^2-L_1\eta+\frac{L_1^2-4L_3c^2D^2}{4(L_2+c^2D^2)}$ 有最小值。

在新鲜度$\frac{\theta_0+\theta_\eta}{2\theta_\eta}$~1 时，由图 4.3 可知，在 $\eta_2\geqslant 1$ 且新鲜度满足$\frac{\theta_0+\theta_\eta}{2\theta_\eta}<\eta\leqslant 1$ 时，或在 $\eta_2<1$ 且新鲜度满足$\frac{\theta_0+\theta_\eta}{2\theta_\eta}<\eta<\eta_2$ 时，函数 $L_2\eta^2-L_1\eta+\frac{L_1^2-4L_3c^2D^2}{4(L_2+c^2D^2)}$的值始终<0。在 $\eta_2<1$ 且新鲜度满足 $\eta_2\leqslant\eta\leqslant 1$ 时，函数 $L_2\eta^2-L_1\eta+\frac{L_1^2-4L_3c^2D^2}{4(L_2+c^2D^2)}$的值>0。

$\eta_2\geqslant 1$ 等价于 $\theta_\eta-\theta_0\leqslant\sqrt{L}$，即 $\theta_\eta-\theta_0\leqslant\sqrt{L}$ 且$\frac{\theta_0+\theta_\eta}{2\theta_\eta}<\eta\leqslant 1$ 时，$\left|\frac{\mathrm{d}TC_M^*}{\mathrm{d}\eta}\right|^2<\left|\frac{\mathrm{d}TC_N^*}{\mathrm{d}\eta}\right|^2$，$TC^*$ 则随着 η 的增加而增加。$0\leqslant\eta\leqslant\frac{\theta_0+\theta_\eta}{2\theta_\eta}$时，$TC^*$ 也随 η 的增加而变大。只要 $\theta_\eta-\theta_0\leqslant\sqrt{L}$，$\eta$ 越高 TC^* 越大一定成立。

同样，$\eta_2<1$ 等价于 $\theta_\eta-\theta_0>\sqrt{L}$，即当 $\theta_\eta-\theta_0>\sqrt{L}$ 且$\frac{\theta_0+\theta_\eta}{2\theta_\eta}<\eta<\frac{\theta_0+\theta_\eta+\sqrt{L}}{2\theta_\eta}$时，$\left|\frac{\mathrm{d}TC_M^*}{\mathrm{d}\eta}\right|^2<\left|\frac{\mathrm{d}TC_N^*}{\mathrm{d}\eta}\right|^2$，随着 η 的增加 TC^* 增加；$0\leqslant\eta\leqslant\frac{\theta_0+\theta_\eta}{2\theta_\eta}$时，$TC^*$ 也随着 η 的增加而变大，则 $\theta_\eta-\theta_0>\sqrt{L}$，$0\leqslant\eta\leqslant\frac{\theta_0+\theta_\eta+\sqrt{L}}{2\theta_\eta}$时，$\eta$ 越高 TC^* 越大。当 $\theta_\eta-\theta_0>\sqrt{L}$ 且$\frac{\theta_0+\theta_\eta+\sqrt{L}}{2\theta_\eta}\leqslant\eta\leqslant 1$ 时，$\left|\frac{\mathrm{d}TC_M^*}{\mathrm{d}\eta}\right|^2>\left|\frac{\mathrm{d}TC_N^*}{\mathrm{d}\eta}\right|^2$，即随着 η 的增加 TC^* 减少，则有 $\theta_\eta-\theta_0>\sqrt{L}$，$\frac{\theta_0+\theta_\eta+\sqrt{L}}{2\theta_\eta}\leqslant\eta\leqslant 1$ 时，η 越高 TC^* 越大。

[**证毕**]

定理 4.1 中变质率受新鲜度的影响，订货成本与新鲜度无关，其最优平均库存成本的变化相对简单。当订货成本也与新鲜度有关时，TC^*

的变化更为复杂。

定理 4.2 表明，只有 $\theta_\eta-\theta_0>\sqrt{L}$ 且生鲜农产品新鲜度在较高范围时，零售商应该采购最高新鲜程度的生鲜农产品使其库存成本最优。在其他情况下，零售商采购较低新鲜度的产品才可获得最优成本。这是因为当新鲜度较低时，相应的农产品采购价格较低，变动的订货成本和变质成本较低，而变质率较高，使库存时间变短，从而库存持有成本也降低。较低的新鲜度使这几个成本较小，甚至可以抵消频繁订货的固定订货成本。

定理 4.2 提出了一个成本随新鲜度增加而降低的阈值，即 $\eta''=\frac{\theta_0+\theta_\eta+\sqrt{L}}{2\theta_\eta}$，当订货时的农产品新鲜度高于这一阈值时，选择最高新鲜度的生鲜农产品订货可以使库存成本最优。由 $\theta_\eta-\theta_0>\sqrt{L}\Rightarrow\frac{D(2c\theta_0+h_0)}{2A(\theta_0-\theta_\eta)^2}<1\Rightarrow A>\frac{D(2c\theta_0+h_0)}{2(\theta_0-\theta_\eta)^2}$，说明只有固定的订货成本 A 较高时，订购特别新鲜的农产品才比较经济。因为只有产品新鲜度高变质率很低，才能更大限度地满足长时间内的市场需求，并减少订货次数，从而降低总成本。订购高新鲜度的生鲜农产品可以抵消高固定订货费用 A 的影响；否则，如果保证不了较长的订货周期(新鲜度水平低于阈值)，更好的决策是订购较低新鲜度的生鲜农产品，以较低的农产品价格和库存持有成本来抵销高固定订货成本，降低总成本。在这个阈值下，零售商既可以得到最优的库存成本，还可以最好地控制产品损耗。

由定理 4.2 的证明不难发现，当 $\theta_0\geqslant\theta_\eta$ 时，一定有$\frac{\theta_0+\theta_\eta}{2\theta_\eta}\geqslant1$，则新鲜度一定满足 $0\leqslant\eta\leqslant\frac{\theta_0+\theta_\eta}{2\theta_\eta}$。有如下定理 4.3。

定理 4.3　若 $\theta_0 \geqslant \theta_\eta$，生鲜农产品入库时的新鲜度 η 越大，TC^* 越大，而 T^* 和 Q^* 越小。

证明：当 $\theta_0 \geqslant \theta_\eta$ 时，新鲜度一定满足 $0 \leqslant \eta \leqslant \dfrac{\theta_0+\theta_\eta}{2\theta_\eta}$。由图 4.3 可知，新鲜度在此范围时，函数 $L_2\eta^2 - L_1\eta + \dfrac{L_1^2-4L_3c^2D^2}{4(L_2+c^2D^2)}$ 始终为负，即有 $\left|\dfrac{dTC_M^*}{d\eta}\right|^2 < \left|\dfrac{dTC_N^*}{d\eta}\right|^2$，则生鲜农产品入库时的新鲜度 η 越大，TC^* 越大。

另外，根据 $T^* = \sqrt{\dfrac{2A}{D[2c\eta\theta_0+2c\eta\theta_\eta(1-\eta)+h_0]}}$，当 $0 \leqslant \eta \leqslant \dfrac{\theta_0+\theta_\eta}{2\theta_\eta}$ 时，函数值 $2c\eta\theta_0+2c\eta\theta_\eta(1-\eta)$ 随着 η 的增加而增加，则最优订货周期 T^* 随着农产品新鲜程度的增加而减小。

对于最优订货量来说：

$$Q^* = \sqrt{\frac{2AD}{2c\eta\theta_0+2c\eta\theta_\eta(1-\eta)+h_0}} + \frac{A\theta_0+A\theta_\eta(1-\eta)}{2c\eta\theta_0+2c\eta\theta_\eta(1-\eta)+h_0}$$

当 $0 \leqslant \eta \leqslant \dfrac{\theta_0+\theta_\eta}{2\theta_\eta}$ 时，函数值 $2c\eta\theta_0+2c\eta\theta_\eta(1-\eta)$ 随着 η 的增加而增加，同时 $(1-\eta)$ 的值随着 η 的增加而减小。因此，$0 \leqslant \eta \leqslant \dfrac{\theta_0+\theta_\eta}{2\theta_\eta}$ 时，生鲜农产品越新鲜，最优订货量越小。

[证毕]

定理 4.3 指出，当变质率系数较小时，新鲜度增加对降低变质率的影响并不明显，而新鲜度增加只会更多地影响与采购单价相关的变动订购成本及变质成本，因此，新鲜度较小的产品反而有更低的订货成本和变质成本，使库存总成本较少。相反，当 $\theta_0 < \theta_\eta$ 时，随着新鲜度的增加，最优订货周期先减小再增加，拐点在 $\eta = \dfrac{\theta_0+\theta_\eta}{2\theta_\eta}$ 处；但最优订货量虽

然先减小，但在经过拐点后，变化情况较复杂。

4.3.2 变质率固定下（保鲜）的生鲜农产品库存

在变质率固定的情况下，变动的订货成本仍然与新鲜度有关。农产品的变质损耗速率可以通过提高库存持有成本而维持在一个较低的水平，即可以通过增加额外的库存持有成本消减入库时的新鲜度对变质率的影响。即使是较低新鲜度的农产品，若在库存中恰当降低存储温度、减少湿度等也可以保持与较高新鲜度农产品一样的变质率。但降低温度、减少湿度等措施会使库存持有成本上升（如耗用更多的电能）。入库时的新鲜度越低，为维持固有变质率 θ_0 而增加的库存持有成本将越大。因此，这种情况下库存持有成本也与新鲜度有关。

同之前的假设，$C=c\eta$（c 为新鲜度为 1 时的单位生鲜农产品价格）。此外，变质率 θ_0 为较低的固有的变质率，即生鲜农产品在最新鲜时仍然具有的变质损耗程度。为使不同新鲜度的生鲜农产品维持同样的低变质率水平，库存持有成本变化，并随新鲜度的下降而增加，$h=h_0+h_\eta(1-\eta)$。

单位总成本为：

$$\mathrm{TC}(T)=\frac{A}{T}+\frac{D}{2}[2c\eta\theta_0+h_0+h_\eta(1-\eta)]T+c\eta D \tag{4-18}$$

同之前的分析，此时最优的单位总成本为：

$$\mathrm{TC}^*=\sqrt{2AD[2c\eta\theta_0+h_0+h_\eta(1-\eta)]}+c\eta D \tag{4-19}$$

最优订货周期为：

$$T^*=\sqrt{\frac{2A}{D[2c\eta\theta_0+h_0+h_\eta(1-\eta)]}} \tag{4-20}$$

最优订货量为：

$$Q^*=\sqrt{\frac{2AD}{2c\eta\theta_0+h_0+h_\eta(1-\eta)}}+\frac{A\theta_0}{2c\eta\theta_0+h_0+h_\eta(1-\eta)} \tag{4-21}$$

接下来分析新鲜度影响库存持有成本、变动的订货成本和变质成本时，对订货决策和总成本的影响。定理 4.4 和定理 4.5 如下。

定理 4.4　考虑新鲜度进行订货，且不论生鲜农产品入库时的新鲜度如何，采用一个与新鲜度有关的库存持有成本来控制损耗。如果 $h_\eta \leqslant 2c\theta_0$，则最优总成本随着生鲜农产品新鲜度的降低而减少。

证明： 由式(4-19)，最优成本函数是新鲜度的函数。同样，可以将最优成本函数分为两个部分，令 $TC_M^*=\sqrt{2AD[2c\eta\theta_0+h_0+h_\eta(1-\eta)]}$，$TC_N^*=c\eta D$。$TC_M^*$部分中，$TC_M^*=\sqrt{2AD[2c\eta\theta_0+h_0+h_\eta(1-\eta)]}=\sqrt{2AD[(2c\theta_0-h_\eta)\eta+h_0+h_\eta]}$。

当 $2c\theta_0-h_\eta \geqslant 0$ 时，随着 η 的降低 TC_M^*减少；当 $2c\theta_0-h_\eta<0$ 时，随着 η 的增加 TC_M^*减少。TC_N^*部分中，随着 η 的降低 TC_N^*减少。

则有结论：如果 $h_\eta \leqslant 2c\theta_0$，新鲜度越低总成本越小。

[证毕]

定理 4.5　考虑新鲜度进行订货，且不论生鲜农产品入库时的新鲜度如何，采用一个与新鲜度有关的库存持有成本来控制损耗。如果 $h_\eta > 2c\theta_0$，则有如下结论：

(1) 当 $R<2c\theta_0$ 时，新鲜度越低总成本越小。

(2) 当 $R>h_\eta$ 时，新鲜度越高总成本越小。

(3) 当 $2c\theta_0 \leqslant R \leqslant h_\eta$ 时，若 $\eta<\frac{R_1}{R_2}-\frac{R_2}{R_3^2}$，新鲜度越低总成本越小；若 $\eta \geqslant \frac{R_1}{R_2}-\frac{R_2}{R_3^2}$，新鲜度越高总成本越小。

式中，$R=\frac{A(h_\eta-2c\theta_0)^2}{2c^2D}-h_0$，$R_1=h_0+h_\eta$，$R_2=h_\eta-2c\theta_0$，$R_3=c\sqrt{\frac{2D}{A}}$，$R_1$，$R_2$，

$R_3>0$。

证明：如果 $h_\eta>2c\theta_0$，TC_M^*部分随着 η 的降低而增加；TC_N^*部分随着 η 的降低而减少。最优总成本随新鲜度的变化可能增加，也有可能减少。

下面比较 η 变化时，TC_M^*、TC_N^*两个部分的变化速度。若 $\left|\frac{dTC_M^*}{d\eta}\right|^2 \geqslant \left|\frac{dTC_N^*}{d\eta}\right|^2$，则说明成本部分 TC_M^*的变化速度更快，对最优总成本的影响较之 TC_N^* 更明显，则 η 增加时 TC^* 将减少。相反，若 $\left|\frac{dTC_M^*}{d\eta}\right|^2 < \left|\frac{dTC_N^*}{d\eta}\right|^2$，说明成本部分 TC_N^*的变化速度更快，对最优总成本的影响较之 TC_M^*更明显，则 η 降低时 TC^*将减少。

$\frac{dTC_M^*}{d\eta}=\frac{1}{2}\frac{2AD(2c\theta_0-h_\eta)}{\sqrt{2AD[(2c\theta_0-h_\eta)\eta+h_0+h_\eta]}}=-\sqrt{\frac{AD}{2}}\frac{R_2}{\sqrt{R_1-R_2\eta}}$，其中 $R_1=h_0+h_\eta$，$R_2=h_\eta-2c\theta_0$，R_1，$R_2>0$。$\frac{dTC_N^*}{d\eta}=cD$。令 $R_3=c\sqrt{\frac{2D}{A}}$，$R_3>0$。

$$\left|\frac{dTC_M^*}{d\eta}\right|^2-\left|\frac{dTC_N^*}{d\eta}\right|^2 \geqslant 0 \Leftrightarrow \eta \geqslant \frac{R_1}{R_2}-\frac{R_2}{R_3^2}$$

$$\left|\frac{dTC_M^*}{d\eta}\right|^2-\left|\frac{dTC_N^*}{d\eta}\right|^2 < 0 \Leftrightarrow \eta < \frac{R_1}{R_2}-\frac{R_2}{R_3^2}$$

$R<2c\theta_0 \Leftrightarrow h_0+h_\eta-(h_\eta-2c\theta_0)>\frac{A(h_\eta-2c\theta_0)^2}{2c^2D} \Leftrightarrow R_1-R_2>\frac{{R_2}^2}{R_3} \Leftrightarrow \frac{R_1}{R_2}-\frac{R_2}{R_3^2}>1$，此时新鲜度满足 $\eta<\frac{R_1}{R_2}-\frac{R_2}{R_3^2}$，即可得到 $\left|\frac{dTC_M^*}{d\eta}\right|^2<\left|\frac{dTC_N^*}{d\eta}\right|^2$。

$R>h_\eta \Leftrightarrow h_0+h_\eta<\frac{A(h_\eta-2c\theta_0)^2}{2c^2D} \Leftrightarrow \frac{R_1}{R_2}-\frac{R_2}{R_3^2}<0$，此时新鲜度满足 $\eta>\frac{R_1}{R_2}-$

$\frac{R_2}{R_3^2}$，即可得到 $\left|\frac{\mathrm{dTC}_M^*}{\mathrm{d}\eta}\right|^2 > \left|\frac{\mathrm{dTC}_N^*}{\mathrm{d}\eta}\right|^2$。

当 $2c\theta_0 \leqslant R \leqslant h_\eta$ 时，可得到 $0 \leqslant \frac{R_1}{R_2} - \frac{R_2}{R_3^2} \leqslant 1$，$\eta$ 既可能大于 $\frac{R_1}{R_2} - \frac{R_2}{R_3^2}$，也可能小于 $\frac{R_1}{R_2} - \frac{R_2}{R_3^2}$。

综上，当 $R<2c\theta_0$ 时，新鲜度越低，总成本越小。当 $R>h_\eta$ 时，新鲜度越高，总成本越小。当 $2c\theta_0 \leqslant R \leqslant h_\eta$ 时，若 $\eta<\frac{R_1}{R_2} - \frac{R_2}{R_3^2}$，新鲜度越低，总成本越小；若 $\eta \geqslant \frac{R_1}{R_2} - \frac{R_2}{R_3^2}$，新鲜度越高，总成本越小。

[证毕]

定理 4.5 中，最优总成本和新鲜度的关系需要比较 $2c\theta_0$ 和 h_η 的大小。当 $2c\theta_0$ 较大时，采购单价较高，这里将变动的订货成本和变质成本统称为与农产品采购单价相关的成本。当采购单价较高时，与农产品采购单价相关的成本因为新鲜度降低而减少的部分，将大于总库存持有成本因新鲜度减少而增加的部分。因此，最优决策为采购新鲜程度较低的生鲜农产品入库。当 h_η 较小时，与生鲜农产品的新鲜度有关的库存持有成本较小，与农产品采购单价相关的成本因为新鲜度增加而增加的部分则会小于总库存持有成本因为新鲜度增加而减少的部分。因此，零售商的最优决策是采购较为新鲜的生鲜农产品入库。最后，在其他情况下，存在一个阈值 $\eta''' = \frac{R_1}{R_2} - \frac{R_2}{R_3^2}$，当生鲜农产品入库时的新鲜度低于这一阈值时，新鲜度越低，最优总成本越小；而高于这一阈值时，新鲜度越高，最优总成本越小。

由

$$T^{*}=\sqrt{\frac{2A}{D[2c\eta\theta_0+h_0+h_\eta(1-\eta)]}}$$

$$Q^{*}=\sqrt{\frac{2AD}{2c\eta\theta_0+h_0+h_\eta(1-\eta)}}+\frac{A\theta_0}{2c\eta\theta_0+h_0+h_\eta(1-\eta)}$$

参照定理 4.4 中的证明，当 $h_\eta\leqslant 2c\theta_0$ 时，生鲜农产品越新鲜，最优订货周期 T^* 和最优订货量 Q^* 都越小。当 $h_\eta>2c\theta_0$ 时，生鲜农产品越新鲜，最优订货周期 T^* 和最优订货量 Q^* 都越大。则有定理 4.6 如下。

定理 4.6 考虑新鲜度进行订货，且不论生鲜农产品入库时的新鲜度如何，采用一个与新鲜度有关的库存持有成本来控制损耗。

(1) 如果 $h_\eta\leqslant 2c\theta_0$，则最优订货周期和最优订货量都随着生鲜农产品新鲜度的降低而增加。

(2) 如果 $h_\eta>2c\theta_0$，则最优订货周期和最优订货量都随着生鲜农产品新鲜度的降低而减少。

4.3.3 保鲜决策

在 4.3.1 节和 4.3.2 节中，一种是维持不变的库存条件，变质率受新鲜度的影响；另一种是维持不变的变质率，库存持有成本受新鲜度的影响。考虑新鲜度进行订货，当变质率受新鲜度的影响而生鲜农产品的库存中没有进行额外的保鲜时，$\theta=\theta_0+\theta_\eta(1-\eta)$，库存持有成本始终为 h_0。此时最优总成本见式(4-15)。

$$\mathrm{TC}_1^{*}=\sqrt{2AD[2c\eta\theta_0+2c\eta\theta_\eta(1-\eta)+h_0]}+c\eta D$$

考虑新鲜度进行订货，虽然变质率受到新鲜度的影响，但零售商可以增加额外的成本进行保鲜，提高库存条件使生鲜农产品的变质率控制在一个较低的水平 θ_0。此时，库存持有成本与新鲜度有关，$h=h_0+h_\eta$

$(1-\eta)$，最优总成本见式(4-19)。

$$TC_2^* = \sqrt{2AD[2c\eta\theta_0+h_0+h_\eta(1-\eta)]}+c\eta D$$

当 $\eta=1$ 即入库时的生鲜农产品特别新鲜时，库存时没有额外的变质，零售商也不需要对产品进行额外的保鲜，即有 $TC_1^*|_{\eta=1}=TC_2^*|_{\eta=1}$。当 $\eta\neq1$ 时，零售商是否进行额外的保鲜控制损耗，取决于两种情况下的成本比较。当 $TC_1^*\geqslant TC_2^*$，零售商保鲜可以获得更低的成本；当 $TC_1^*<TC_2^*$，零售商不保鲜成本更优。则有定理 4.7。

定理 4.7 存在一个新鲜度的参考值$\frac{h_\eta}{2c\theta_\eta}$，生鲜农产品入库时的新鲜度($\eta\neq1$)高于该值时应保鲜，低于该值时不需要保鲜。

证明：将上述两种不同情况下的生鲜农产品库存的最优成本进行比较：

$$TC_1^*-TC_2^*\geqslant0$$

$$\Leftrightarrow\sqrt{2AD[2c\eta\theta_0+2c\eta\theta_\eta(1-\eta)+h_0]}+c\eta D\geqslant\sqrt{2AD[2c\eta\theta_0+h_0+h_\eta(1-\eta)]}+c\eta D$$

$$\Leftrightarrow2c\eta\theta_\eta(1-\eta)\geqslant h_\eta(1-\eta)$$

$$\Leftrightarrow\eta\geqslant\frac{h_\eta}{2c\theta_\eta}$$

同样，有：

$$TC_1^*-TC_2^*<0\Leftrightarrow\eta<\frac{h_\eta}{2c\theta_\eta}$$

当生鲜农产品入库时的新鲜度不低于参考值$\frac{h_\eta}{2c\theta_\eta}$时，意味满足 $TC_1^*\geqslant TC_2^*$，说明提高库存持有成本来维持较低的变质率时成本更优。若生鲜农产品入库时的新鲜度低于这个参考值$\frac{h_\eta}{2c\theta_\eta}$，则可得到 $TC_1^*<$

TC_2^*，这时虽然变质率较高，但零售商的总成本更优，零售商不需要额外进行保鲜。定理得证。

［证毕］

应注意的是，当$\frac{h_\eta}{2c\theta_\eta}>1$时，只可能存在新鲜度$\eta<\frac{h_\eta}{2c\theta_\eta}$的情况，两个最优总成本比较后的结果只可能有$TC_1^*<TC_2^*$，则可得到推论4.1。

推论4.1 当$\frac{h_\eta}{2c\theta_\eta}>1$时，零售商不保鲜。

这里的分析事实上只考虑了一种简单的情况，即如果保鲜，就将生鲜农产品的变质率控制在一个较低的水平θ_0。零售商不断地增加边际库存持有成本，产品越不新鲜，增加的边际库存持有成本$h_\eta(1-\eta)$将越多。但在实际的库存管理中，存在零售商只增加部分成本降低部分变质率的情况，即变质率或库存持有成本等变量连续变化。对这种更为复杂的库存优化决策进行分析将是未来的研究内容。

4.4 数值分析的例子

4.2节是生鲜农产品的变质率受到新鲜度影响的情况，4.3节是生鲜农产品的变质率和订货成本都与新鲜度有关的情况。4.3节中，一种是维持不变的库存条件，变质率发生变化；一种是维持不变的变质率，库存持有成本发生变化。面对这两种简单的管理情境，对库存成本进行衡量，可得到一个新鲜度的参考值，在满足特定条件下，不进行额外的保鲜；在另外一种条件下，则需要进行保鲜。

本节对4.2节和4.3节中的定理给出了数值的例子，其中的参数均是某个范围内服从均匀分布的随机变量，通过MATLAB软件作图。

首先，对定理 4.1 进行图示。设 D、A、C、h、θ_0、θ_η 是分别在范围[0,500]、[0,500]、[0,20]、[0,20]、(0,1)、(0,1)中服从均匀分布的随机变量，并且 $\theta_0+\theta_\eta<1$。令新鲜度 η 变化对最优总成本、最优订货周期和最优订货量作图。

图 4.4~图 4.6 是新鲜度只影响变质率时，TC^*、T^*、Q^* 相对新鲜度变化时的情况。图 4.4 中，各个参数的具体取值为 $D=243$、$A=96$、$C=8.0$、$h=1.4$、$\theta_0=0.42$、$\theta_\eta=0.53$。最优总成本 TC^* 随生鲜农产品入库时新鲜度的增加而降低。

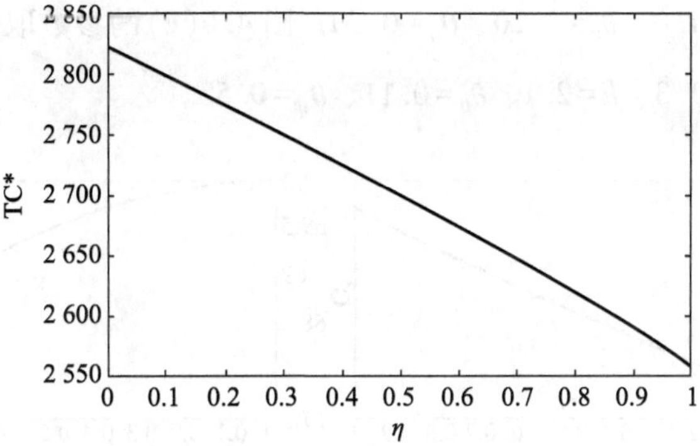

图 4.4　新鲜度变化对最优平均总成本的影响

图 4.5 中，各个参数的具体取值为 $D=128$、$A=75$、$C=5.1$、$h=6.9$、$\theta_0=0.89$、$\theta_\eta=0.10$。从而可以看到，最优订货周期 T^* 随生鲜农产品入库时新鲜度的增加而增加。

图 4.6 中的子图(a)、(b)、(c)分别是 $\frac{A}{D}<K\left(\theta_0+\frac{h}{2C}\right)$，$\frac{A}{D}>K\left(\theta_0+\theta_\eta+\frac{h}{2C}\right)$ 和 $K\left(\theta_0+\frac{h}{2C}\right)\leqslant\frac{A}{D}\leqslant K\left(\theta_0+\theta_\eta+\frac{h}{2C}\right)$ 时，新鲜度变化下最优订货量的变化情况。其中图 4.6(a)的参数取值为 $D=264$、$A=31$、$C=1.7$、$h=6.0$、$\theta_0=0.26$、$\theta_\eta=0.48$；图 4.6(b)的参数取值为 $D=20$、$A=100$、

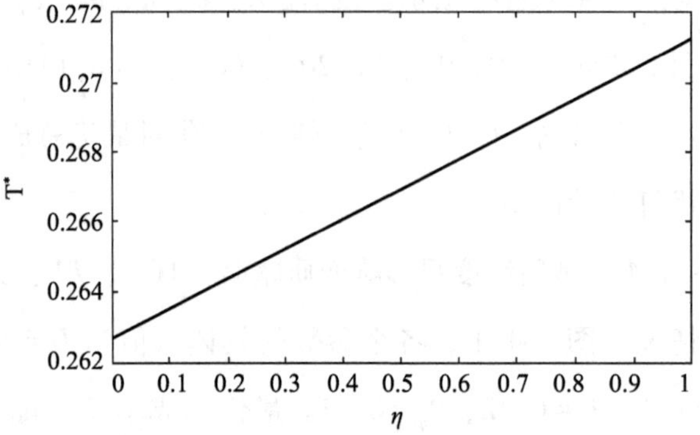

图 4.5　新鲜度变化对最优订货周期的影响

$C=1.0$、$h=1.0$、$\theta_0=0.20$、$\theta_\eta=0.50$；图 4.6(c)的参数取值为 $D=50$、$A=110$、$C=1.3$、$h=2.1$、$\theta_0=0.11$、$\theta_\eta=0.53$。

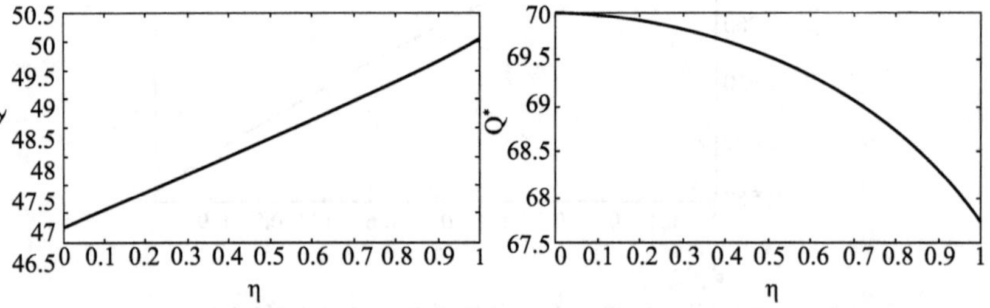

(a) $\frac{A}{D}<K\left(\theta_0+\frac{h}{2C}\right)$时　　(b) $\frac{A}{D}>K\left(\theta_0+\theta_\eta+\frac{h}{2C}\right)$时

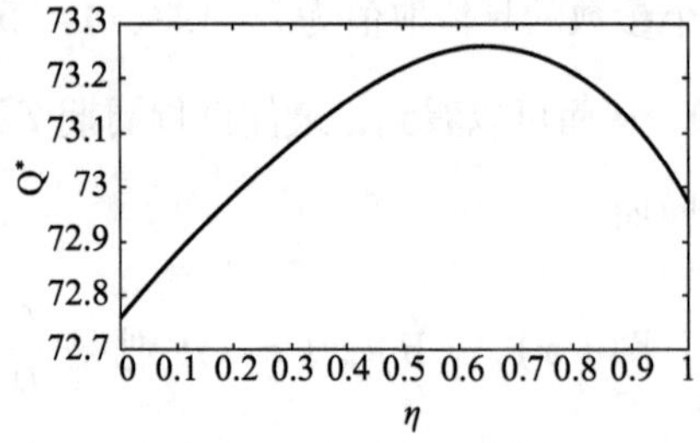

(c) $K\left(\theta_0+\frac{h}{2C}\right)\leqslant\frac{A}{D}\leqslant K\left(\theta_0+\theta_\eta+\frac{h}{2C}\right)$时

图 4.6　新鲜度变化对最优订货量的影响

当$\frac{A}{D}<K\left(\theta_0+\frac{h}{2C}\right)$时，新鲜度 η 越大，最优订货量 Q^* 越大；当$\frac{A}{D}>K\left(\theta_0+\theta_\eta+\frac{h}{2C}\right)$时，新鲜度越大，最优订货量 Q^* 越小；当$K\left(\theta_0+\frac{h}{2C}\right)\leqslant\frac{A}{D}\leqslant K\left(\theta_0+\theta_\eta+\frac{h}{2C}\right)$时，存在一个新鲜度的阈值 $\eta'=1-\left(\frac{Ah^2}{4C^3D\theta_\eta}-\frac{2C\theta_0+h}{2C\theta_\eta}\right)=0.65$：若$0\leqslant\eta\leqslant0.65$，新鲜度越高，最优订货量 Q^* 越大；若$0.65<\eta\leqslant1$，则新鲜度越高，最优订货量 Q^* 越小。

当新鲜度既影响变质率，又与生鲜农产品的订货成本有关时，有定理 4.2。同样假设 D、A、C、h、θ_0、θ_η 是分别在范围[0,500]、[0,500]、[0,20]、[0,20]、(0,1)、(0,1)的服从均匀分布的随机变量，并且$\theta_0+\theta_\eta<1$。对新鲜度变化时最优平均总成本的变化作图，如图 4.7 和图 4.8 所示。

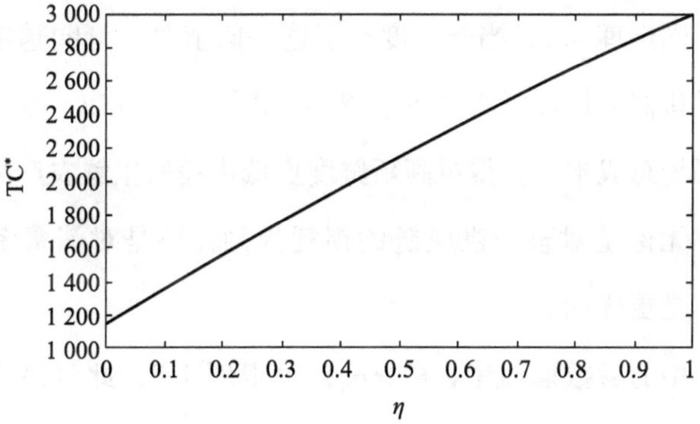

图 4.7　新鲜度变化对最优平均总成本的影响

图 4.7 是$\theta_\eta-\theta_0\leqslant\sqrt{L}$的情况，其中 $D=398$、$A=360$、$c=3.7$、$h_0=4.6$、$\theta_0=0.45$、$\theta_\eta=0.36$，最优的平均总成本随新鲜度的增加而增大。

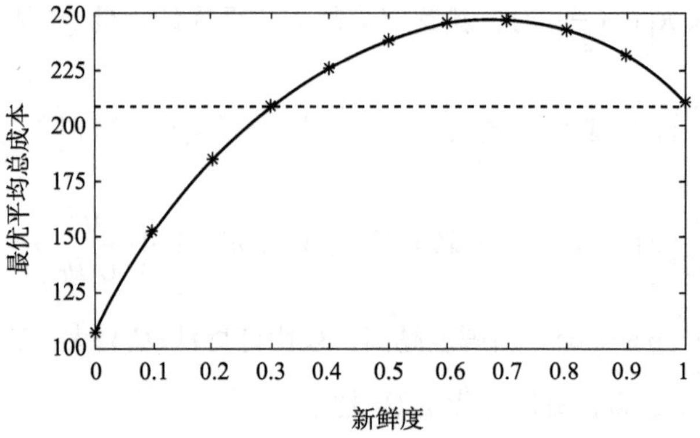

图 4.8　新鲜度变化对最优平均总成本的影响

图 4.8 是 $\theta_\eta-\theta_0>\sqrt{L}$ 的情况，其中各个参数的具体取值为 $D=16$、$A=353$、$c=5.5$、$h_0=1$、$\theta_0=0.03$、$\theta_\eta=0.8$，此时有阈值 $\frac{\theta_0+\theta_\eta+\sqrt{L}}{2\theta_\eta}=0.685$。在图 4.8 这个例子里，当新鲜度等于阈值 0.685 时，有最大的最优成本，同定理 4.2，当新鲜度高于这一阈值时，订购越新鲜的生鲜农产品，零售商的最优平均总成本越小。由图 4.8 可知，零售商可以同样的最优平均总成本，获得更高新鲜度更低损耗的生鲜农产品库存。更低的变质率无论是对整个供应链的损耗控制，还是对消费者的消费效用，无疑都是更优的。

图 4.7 中的参数取值中，$\theta_0\geqslant\theta_\eta$，由定理 4.3，此时最优平均总成本不仅随新鲜度的增加而增大，最优订货周期 T^* 和最优订货量 Q^* 也会随新鲜度的增加而减小，如图 4.9 所示。

若零售商进行保鲜，库存持有成本与新鲜度有关，变质率保持在一个固有的变质率水平。设 h_η 是范围为[0，20]的服从均匀分布的随机变量。参数取值为 $D=170$、$A=479$、$c=5.8$、$h_0=4.4$、$h_\eta=4.0$、$\theta_0=0.39$、$\theta_\eta=0.38$，新鲜度变化时 TC*、T^*、Q^* 的变化，如图 4.10

和图 4.11所示。

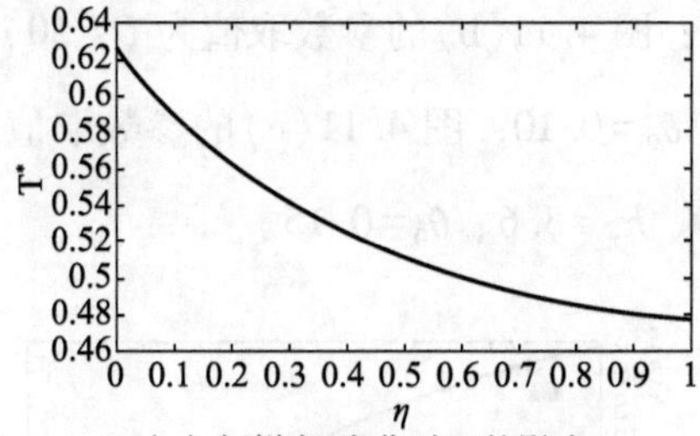

（a）新鲜度η变化对T^*的影响

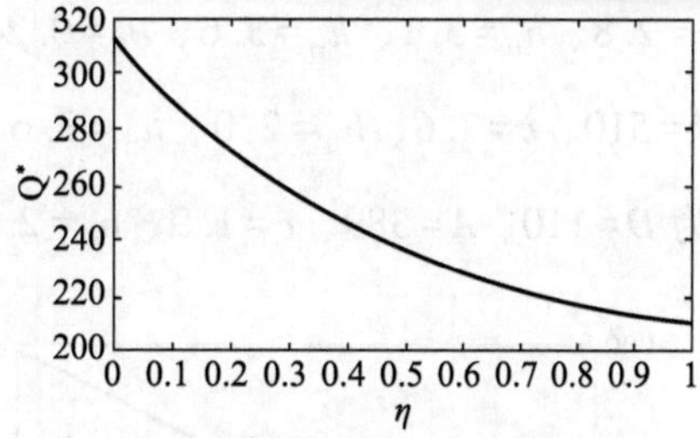

（b）新鲜度η变化对Q^*的影响

图 4.9　新鲜度变化对最优订货决策的影响

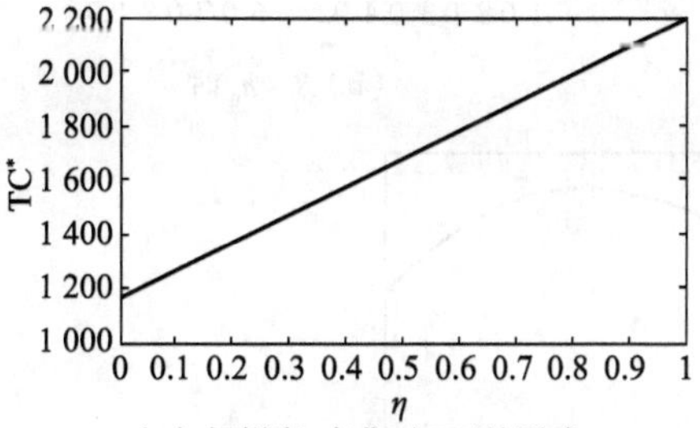

（a）新鲜度η变化对TC^*的影响

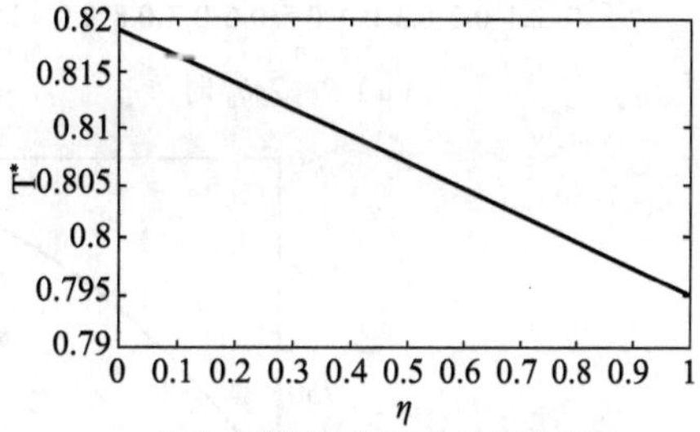

（b）新鲜度η变化对T^*的影响

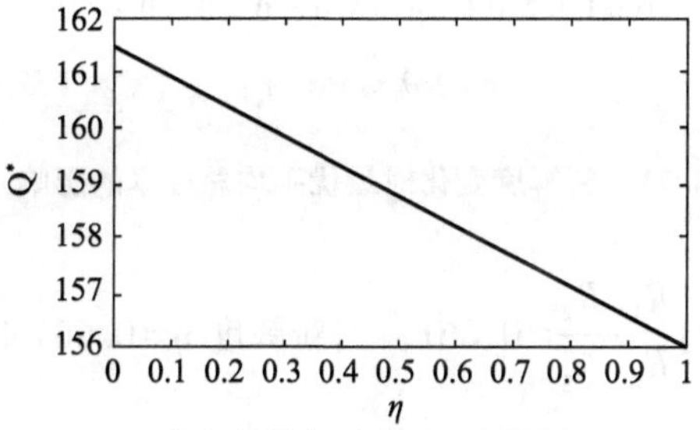

（c）新鲜度η变化对Q^*的影响

图 4.10　新鲜度变化对最优平均总成本和最优订货决策的影响

图 4.10 是 $h_\eta \leqslant 2c\theta_0$ 的情况，如定理 4.4 和定理 4.6，最优平均总成本随着新鲜度的提高而增加，最优订货周期和最优订货量都随着新鲜度的提高而减小。

当 $h_\eta > 2c\theta_0$ 时，由定理 4.5，最优平均总成本在三种情况下的变化分别如图 4.11 所示，其中图 4.11(a)的参数取值为 $D=100$、$A=427$、$c=2.8$、$h_0=3.1$、$h_\eta=3.6$、$\theta_0=0.24$；图 4.11(b)的参数取值为 $D=50$、$A=510$、$c=2.6$、$h_0=2.0$、$h_\eta=3.6$、$\theta_0=0.10$；图 4.11(c)的参数取值为 $D=110$、$A=389$、$c=1.9$、$h_0=2.9$、$h_\eta=3.6$、$\theta_0=0.15$。

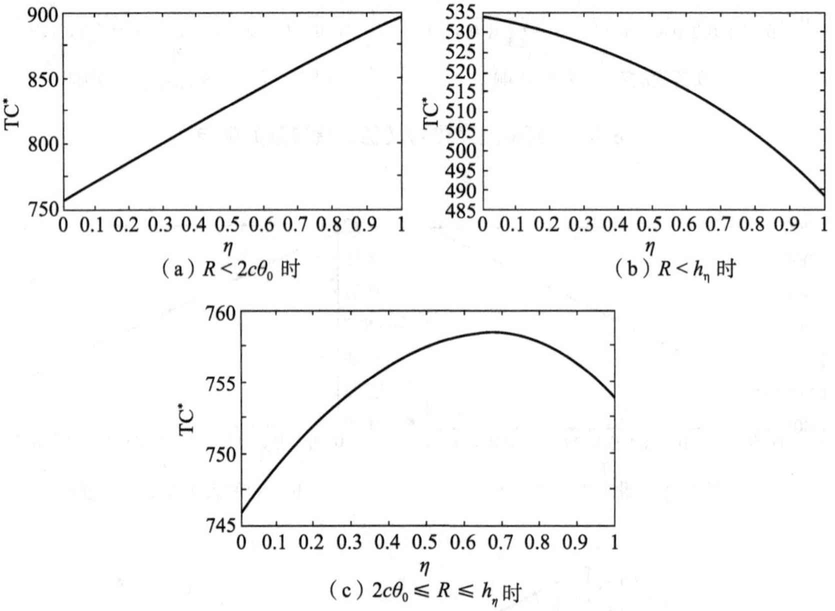

图 4.11　新鲜度变化对最优平均总成本的影响

图 4.11(c)中有 $\frac{R_1}{R_2}-\frac{R_2}{R_3^2}=0.661$，当新鲜度 $\eta=0.661$ 时零售商的最优总成本最大。同样，这种情况下也可以同样的成本获得较低的变质率。而只要 $h_\eta>2c\theta_0$，最优订货周期 T^* 和最优订货量 Q^* 都随着新鲜度的增加而增加。如图 4.12 所示，其中各项参数取值同图 4.11(c)。

进行保鲜决策时，假设参数为 $D=120$、$A=360$、$c=4.3$、$h_0=2.7$、$h_\eta=1.9$、$\theta_0=0.33$，$\theta_\eta=0.6$，由定理 4.7 可知，存在一个新鲜度的参考值 $\frac{h_\eta}{2c\theta_\eta}=0.37$，当入库时的新鲜度低于 0.37 时，不保鲜的平均最优总成

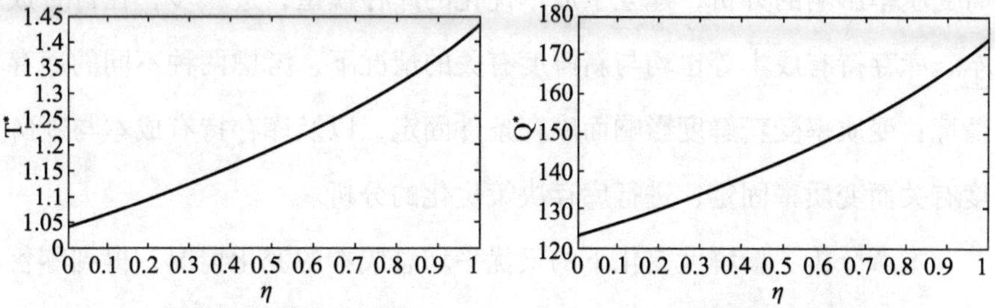

（a）新鲜度η变化对T^*的影响　　（b）新鲜度η变化对Q^*的影响

图 4. 12　新鲜度变化对最优订货决策的影响

本较低，则零售商不需要保鲜；当入库时的新鲜度高于 0. 37 时，保鲜时的最优平均总成本较低，零售商需要保鲜，如图 4. 13 所示。在 $\eta=1$ 时，两种情况下的成本相等。

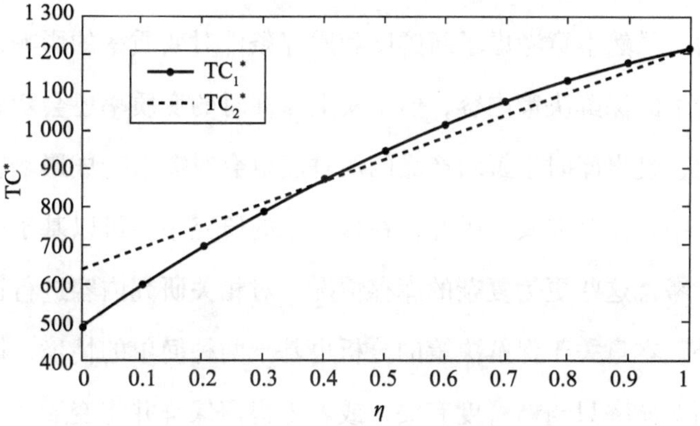

图 4. 13　与新鲜度有关的保鲜决策

4. 5　本章小结

本章考虑新鲜度这个质量因素对生鲜农产品库存决策的影响。假设生鲜农产品的变质率不仅与新鲜度有关，还与库存条件有关，而相关内容少有文献研究。本章首先基于生鲜农产品入库时的新鲜度对产品库存时变质率影响的分析，建立了成本优化的库存模型；进一步，在订货成本、库存持有成本等也均与新鲜度有关的情况下，考虑两种不同的库存情境：变质率受新鲜度影响而库存条件固定，以及库存持有成本与新鲜度有关而变质率固定，进行库存决策优化的分析。

本章分析了新鲜度变化下的最优平均总成本的变化情况，得到零售商订货时的生鲜农产品的最优新鲜度及相应的最优成本。在变质率受新鲜度的影响下，入库时的生鲜农产品较为新鲜时的零售商库存总成本越低，收益越大。但并不一定是越新鲜，订货量就一定会越大，最优订货量在不同的范围内取值不同。针对保鲜和不保鲜这两种变质率和成本不同的库存管理情境，进行基于成本的比较分析，提出一个新鲜度的参考值，得到零售商是否保鲜的保鲜决策。

最后，虽然本章考虑了新鲜度和库存条件对变质率的影响，得到了成本比较下的保鲜决策内容，但事实上库存时的变质率还会随库存时间发生变化，且出库时生鲜农产品的新鲜度也会对需求造成影响，这些内容在本章中并没有涉及。因此，在接下来的研究中，可以基于本章的研究内容，考虑这些更为复杂的库存情况，对相关研究内容进行进一步拓展。另外，本章关于保鲜决策的分析也基于两种简单的情境，即零售商不保鲜而变质率只与新鲜度有关，或者零售商保鲜并将变质率完全控制在一个固定的水平上。要么保鲜将变质率完全控制在固定的变质率水平上。但更为现实的情况可能是，零售商保鲜将变质率控制在一个可以接受的范围内而不是最低的 θ_0，对这种复杂情况的成本比较和分析是今后的一个研究内容。

第5章　保鲜期限制下的生鲜农产品库存优化决策

本章研究一种企业对企业(business-to-business，B2B)模式下的生鲜农产品库存。B2B是一种商业对商业的供应链模式，B2B下的生鲜农产品的流通模式如图5.1所示。

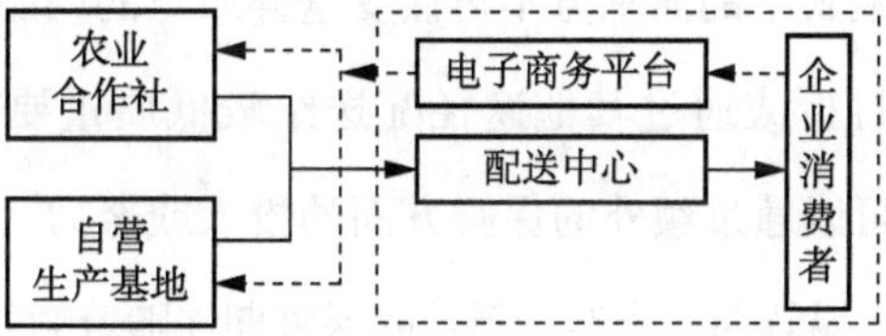

图5.1　B2B下的生鲜农产品流通模式

这种模式中，生鲜农产品的配送中心首先根据客户订单和安全库存从供应商处(农业合作社或自营生产基地)进行采购；产品入库后，除了常温品、冻品和干货等产品会在仓库中进行较长时间的存储外，蔬菜和水果往往很快就进行配送。虽然农产品是一种易变质的产品，但冻品等能保存较长时间相对不易变质，而容易变质的蔬菜、水果等因库存时间较短，其变质率也可忽略。因此，B2B模式下的零售商库存中，由变质导致的库存减少可忽略。其次，配送中心按照订单需求对所有产品进行分拣，面向如餐饮配送的B2B市场进行生鲜农产品的配送，满足需求方每日餐饮原料的供应要求等。在B2B模式下，往往是以公司或企业等为整体的固定需求，企业对生鲜农产品的需求量不仅非常大，而且较为固定，配送中心与需求方一般都是长期供应和合作的关系。例如，上海最大的蔬菜流通配送商——上海都市生活企业发展有限公司，以配送中心的形式在生鲜农产品供应商和餐饮业之间提供多对多的服务，主要以 B2B 模式进行餐饮配送，日配送能力近 300 吨①。如果能够对生鲜农产品的库存进行有效管理，则公司可以极大地提高效益。

对 B2B 模式下的生鲜农产品进行库存管理的挑战在于，零售商不仅要考虑诸如在订货和库存中发生的成本，还要考虑生鲜农产品的质量因素对需求的影响。本章使用保鲜期这个质量因素来反映生鲜农产品短生命周期的时间特征。保鲜期是一个时间概念，在这段时间内，生鲜农产品保持较高的质量，不发生变质；而过了这段时间，生鲜农产品的质量明显下降，B2B 模式下的需求方不再接受这样质量的产品，零售商需要对其进行处理，如打折或通过其他途径配送给较低质量要求的需求方。进一步地，零售商可以通过额外的保鲜方面的投入或努力，如采取降低库存温度等措施来延长保鲜期。当然，延长的保鲜期伴随着额外的保鲜成本。

因此，本章研究保鲜期限制下的库存优化决策，保鲜期对库存订货周期产生影响。假设只有在保鲜期内存在生鲜农产品的需求，且保鲜可以延长生鲜农产品的保鲜期，研究保鲜期作为订货周期限制条件的农产品最优库存决策。

5.1 生鲜农产品的保鲜期

在研究生鲜农产品的质量因素对库存优化决策时，除了变质率和新

① 数据来源于国家自然科学基金重点项目“基于 RFID 的生鲜农产品供应链运作优化理论与方法”的调研。

鲜度，生鲜农产品的保鲜期也会对库存决策产生影响。变质率是一个损耗率，即生鲜农产品由于腐烂变质无法食用必须丢弃的比例；新鲜度为生鲜农产品当下的新鲜程度。参照 Wu 等(2006)的研究，生鲜农产品的保鲜期可以定义为“没有发生变质的一段时间”。在保鲜期内，生鲜农产品具有较高的新鲜程度，且不会发生变质损耗；过了保鲜期，生鲜农产品新鲜度明显降低，并产生库存损耗。

关于保鲜期的研究，有的是从保鲜期内和保鲜期外的库存水平变化不同这个角度进行研究的。Gupta 和 Gerchak(1995)认为，变质产品的损失将在“变质刚开始”时出现，并建立确定性和随机性的变质产品库存模型。Wu 等(2006)认为变质并不是立即发生，在生鲜农产品等变质产品的货架周期一开始的时候为保鲜期，不发生变质；而保鲜期后变质产品才以一定的变质率发生损耗。他们假设需求与库存水平相关，将成本最小化作为库存的优化目标，确定这种非立即变质产品的最优库存补货策略。Chang 等(2010)将总收益最大化作为决策目标修正了 Wu 等的模型。李贵萍等(2015)虽然也假设需求与库存水平相关，但进一步认为在保鲜期和变质期内，需求对库存水平的反应并不相同。Maihami 和 Kamalabadi(2012)采用一个与价格和时间有关的需求函数研究了保鲜期后才发生变质的变质产品库存问题。Dye 和 Hsieh(2013)也研究了同样的问题，不同之处在于零售商可以通过在变质期内投资保鲜技术而控制变质率。这些研究虽然认为保鲜期对库存优化决策产生影响，但均将保鲜期作为一个不变的固定时间进行考虑，并且认为生鲜农产品的货架期无限长，库存优化决策在这个几乎无限长的时间内进行。事实上，生鲜农产品入库或上架时的新鲜度，库存时零售商的保鲜努力和保鲜投入程度及其他因素都会改变生鲜农产品的保鲜期；现实中往往出现保鲜期影响市场需求，进而使零售商考虑将保鲜期限制在一个有限的时间内进行库存的情况。

5.2 保鲜期固定时的基本模型

5.2.1 符号和假设

本节研究单种生鲜农产品的保鲜期(记为 τ)固定时的基本模型。如前所述，B2B 模式中市场对生鲜农产品的需求较为固定，设此时的需求率固定且均匀。在保鲜期内，假设生鲜农产品保持较高的新鲜度，没有明显的变质，库存水平的降低全部是为了满足市场需求。当生鲜农产品过了保鲜期后，会产生较为明显的变质损耗，下游的消费者不再接受这种质量的生鲜农产品；零售商需要对生鲜农产品进行处理，同时对新鲜的(保鲜期内的)生鲜农产品重新订货并满足需求。一般的库存模型还进行如下假设：①当库存水平降至零(或安全库存)时，可以立即得到补充；②补货提前期为 0；③不允许缺货。

生鲜农产品的质量变化如图 5.2 所示。

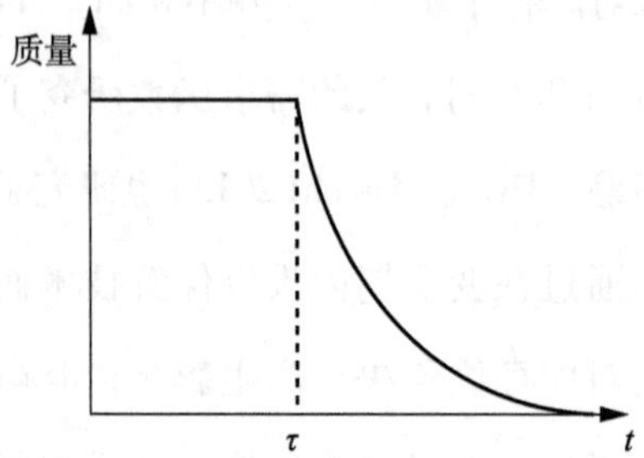

图 5.2　生鲜农产品的质量变化图

生鲜农产品的质量随时间变化，在保鲜期 τ 内保持较高的新鲜程度，不发生明显的变质；超过保鲜期后，产品质量下降，新鲜度明显降低，并产生变质，且其质量不再为下游消费者接受，则超过保鲜期的生鲜农产品将被处理，产生损失成本。零售商研究最优订货量等订货决策时，需要在保鲜期范围内进行决策。本章的相关符号见表5.1。

表5.1　相关符号

	符　号	符号定义
决策变量	Q	订货批量
	T	订货周期
参　数	D	需求率
	A	一次订货时固定的订货成本
	c	单个产品的采购成本(生鲜农产品的产品单价)
	h	单位产品单位时间的库存持有成本
	c'	单位产品的损失成本
	τ	生鲜农产品的保鲜期
	λ	保鲜因子(保鲜努力程度)，$0\leqslant\lambda\leqslant 1$
	TC	单位总成本
	下标0	表示不考虑保鲜期限制的情况
	下标τ	表示订货周期为保鲜期τ时的情况
	上标横线	表示保鲜下的情况
	上标*	表示最优

在传统EOQ模型里，库存中的总成本由三个部分组成：固定订货成本、可变订货成本(采购成本)、库存持有成本。在此基础上，本章考虑生鲜农产品的库存时间受保鲜期的限制，当库存中的生鲜农产品超过保鲜期时还会产生损失成本，则零售商的平均总成本为：

$$\mathrm{TC}=\frac{D}{Q(\tau)}A+\frac{D}{Q(\tau)}hS(\tau)+cD+c'\max(TD-\tau D,\ 0) \tag{5-1}$$

式中，$Q(\tau)$为与保鲜期有关的订货批量；$S(Q)$为相邻两次订货间的库存持有总量，也是与保鲜期有关的一个变量。

设Q_0和T_0分别为不考虑保鲜期限制的订货批量和订货周期，当没有保鲜期的限制时，式(5-1)可写为：

$$\mathrm{TC}_0=\frac{D}{Q_0}A+\frac{1}{2}hQ_0+cD \tag{5-2}$$

形式同经典 EOQ 模型，则由式(5-2)容易得到不考虑保鲜期限制时的最优订货量和最优订货周期分别为：

$$Q_0^*=\sqrt{\frac{2AD}{h}} \tag{5-3}$$

$$T_0^*=\sqrt{\frac{2A}{hD}} \tag{5-4}$$

最小平均总成本为：

$$\mathrm{TC}_0^*=\sqrt{2ADh}+cD \tag{5-5}$$

考虑保鲜期的限制时，生鲜农产品库存时的最优订货量和最优订货周期会发生变化，下面分情况对考虑保鲜期限制的库存决策进行讨论。

5.2.2 最优订货周期不大于保鲜期的情况

当 $T_0^*\leqslant\tau$ 时，最优的订货周期处于保鲜期内，所有库存的产品均在未变质时进行了配送，不会产生损失成本。此时订货时间在 T_0^* 处，如图 5.3 中(a)和(b)所示。

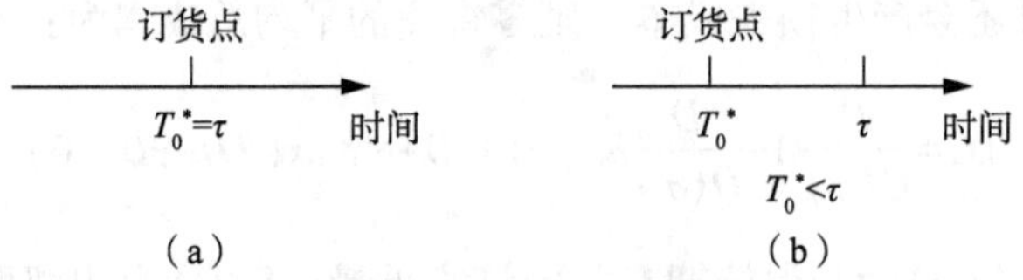

图 5.3 $T_0^*\leqslant\tau$ 时的订货时间点

此时的库存水平变化情况如图 5.4 所示。

这种情况的决策中，并不需要考虑保鲜期的限制，平均总成本函数

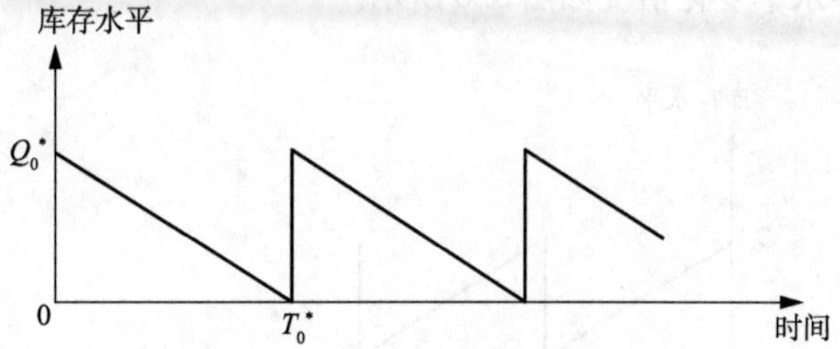

图 5.4　库存水平变化图

形式如式(5-2)。$T_0^* \leqslant \tau$ 时，生鲜农产品的最优订货量为 $Q^* = Q_0^* = \sqrt{\dfrac{2AD}{h}}$，最优订货周期为 $T^* = T_0^* = \sqrt{\dfrac{2A}{hD}}$，最小的平均总成本为 $\mathrm{TC}^* = \mathrm{TC}_0^* = \sqrt{2ADh} + cD$。有定理 5.1 如下。

定理 5.1　当 $T_0^* \leqslant \tau$ 时，生鲜农产品的库存订货决策不受保鲜期的限制，其最优的订货量和订货周期分别是 $Q^* = \sqrt{\dfrac{2AD}{h}}$，$T^* = \sqrt{\dfrac{2A}{hD}}$。

5.2.3　最优订货周期大于保鲜期的情况

当 $\tau < T_0^*$ 时，库存中的部分生鲜农产品在没有出库时已经达到保鲜期。这时的生鲜农产品质量已不被下游需求方接受，零售商需要及时订货，令满足质量要求的保鲜期内的生鲜农产品进入仓库并进行配送，因此，这种情况下的生鲜农产品订货时间应该在 τ 处，如图 5.5 所示。

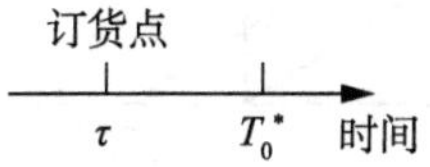

图 5.5　$\tau < T_0^*$ 时的订货时间点

此时的库存水平变化情况如图 5.6 所示。

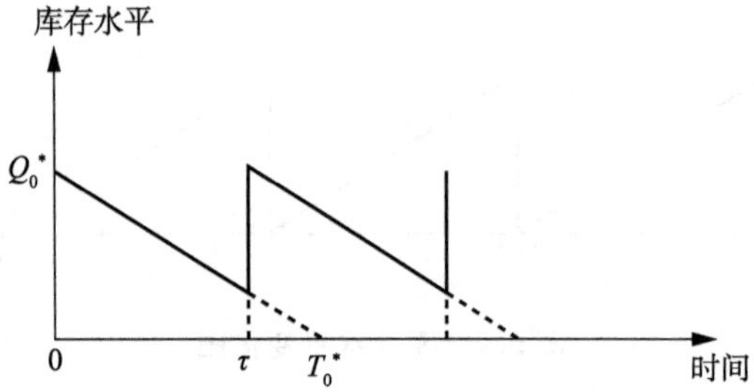

图 5.6 库存水平变化图

图5.6中，实线表示了库存水平的变化情况。每次的订货批量为 Q_0^*，但因为最优订货周期超过保鲜期，所以只有部分生鲜农产品在保鲜期 τ 内正常出货，而在 τ 之后有部分产品因为质量不被市场接受而不能再进行配送。设满足保鲜期时间内的订货量为 Q_τ，则零售商需对$Q_0^*-Q_\tau$ 的产品进行处理并将产生损失成本。为了继续满足市场需要，零售商在 τ 时间补货。这种情况下的成本除了订货成本(固定的和变动的订货成本)、库存持有成本外，还存在因为产品过保鲜期质量不符合要求而产生的损失成本。生鲜农产品在一个库存周期内的库存总量如图 5.7 所示，为一个面积可得的梯形(阴影部分)。

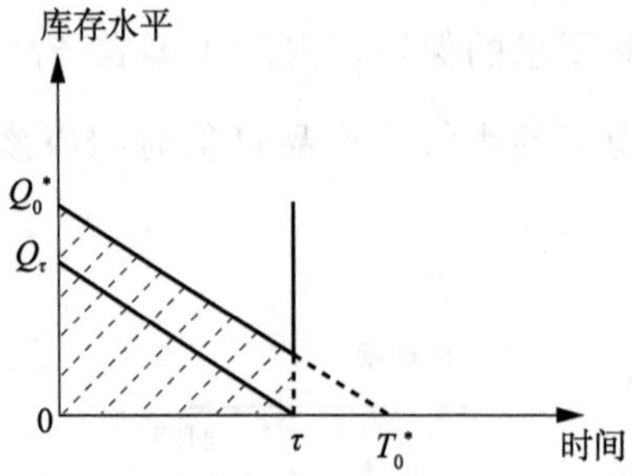

图 5.7 一个库存周期内的库存水平变化图

由式(5-1)和图 5.7 得到此时零售商的平均总成本应为：

$$
\begin{aligned}
\mathrm{TC}_{\tau<T_0^*} &= \frac{1}{\tau}\left[A+h\frac{1}{2}(Q_0^*-Q_\tau+Q_0^*)\tau+cQ_0^*+c'(Q_0^*-Q_\tau)\right] \\
&= \frac{D}{Q_\tau}A+\frac{1}{2}h(2Q_0^*-Q_\tau)+c\frac{D}{Q_\tau}Q_0^*+c'\frac{D}{Q_\tau}(Q_0^*-Q_\tau) \qquad (5-6) \\
&= \frac{D}{Q_\tau}A+\left(Q_0^*-\frac{1}{2}Q_\tau\right)h+\frac{Q_0^*}{Q_\tau}(c+c')D-c'D
\end{aligned}
$$

将保鲜期限制下的这个平均总成本 $\mathrm{TC}_{\tau<T_0^*}$ 与之前不受保鲜期影响时的平均最优总成本式(5-5)进行比较，$\tau<T_0^*$ 时，平均订货成本由于订货周期缩短而增加，并由于部分产品超过保鲜期而产生更多的损失成本，但由图 5.7 可知，其库存持有成本却减少。因此，很难直接分析保鲜期限制下平均总成本的变化情况。这里进一步将 TC_0^*，$\mathrm{TC}_{\tau<T_0^*}$，TC_τ 一起比较，并得到定理 5.2 如下。

定理 5.2　当 $\tau<T_0^*$ 时，生鲜农产品库存时的最优订货周期为 τ，最优订货量应为 Q_τ。

证明： Q_τ 是满足保鲜期 τ 下的订货批量。如果订货量为 Q_τ，如图 5.7 所示，所有的生鲜农产品刚好在保鲜期内配送完毕，不产生损失成本，则订货量在 Q_τ 下的平均总成本为 $\mathrm{TC}_\tau=\frac{D}{Q_\tau}A+\frac{1}{2}hQ_\tau+cD$。

首先，将 TC_τ 和按最优订货量 Q_0^* 进行订货但受保鲜期限制的平均总成本 $\mathrm{TC}_{\tau<T_0^*}$ 进行比较，则有 $\mathrm{TC}_{\tau<T_0^*}-\mathrm{TC}_\tau=(Q_0^*-Q_\tau)h+\left(\frac{Q_0^*}{Q_\tau}-1\right)(c+c')D$，容易得到 $\tau<T_0^*$ 时 $Q_0^*-Q_\tau>0$，即有 $\frac{Q_0^*}{Q_\tau}-1>0$，则可以得到 $\mathrm{TC}_{\tau<T_0^*}>\mathrm{TC}_\tau$。这个结论很容易理解，因为 $\mathrm{TC}_{\tau<T_0^*}$ 较之 TC_τ，不仅有更高的采购成本、更多的库存持有成本，还有损失成本。

最优平均总成本 TC_0^* 是没有任何保鲜期限制下的最优订货周期 T_0^* 对应的成本，这时的最优订货批量为 Q_0^*，如图 5.8 所示。当订货批量为Q_τ时($Q_\tau<Q_0^*$)，其对应的成本 TC_τ 显然高于 TC_0^*，即有 $TC_\tau>TC_0^*$。

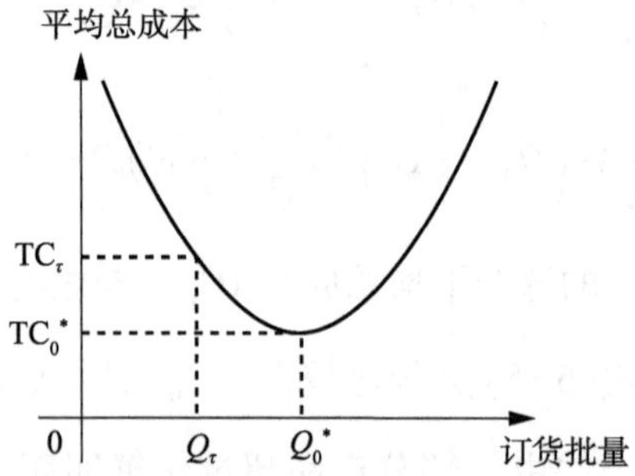

图 5.8　无保鲜期限制下的平均总成本图像

$TC_{\tau<T_0^*}>TC_\tau$，$TC_\tau>TC_0^*$，则有 $TC_{\tau<T_0^*}>TC_0^*$。说明在保鲜期 τ 限制下，如果订货量仍然为 Q_0^*，总成本会增加，这个成本也高于订货量为 Q_τ 的成本。

若库存成本中没有损失成本，因为总成本函数为向下凹的函数，小于 Q_τ 的订货量对应的成本随订货量变小而变大(图 5.8)。综上，$\tau<T_0^*$ 这种情况下最优的订货量应为 Q_τ。

[证毕]

由定理 5.2，当 $\tau<T_0^*$ 时，最优的订货批量为:

$$Q^*=\tau D \tag{5-7}$$

最优的订货周期为:

$$T^*=\tau \tag{5-8}$$

最优平均总成本为:

$$TC^*=\frac{A}{\tau}+\frac{h}{2}\tau D+cD \tag{5-9}$$

Q_τ 为保鲜期对应的订货量，由定理 5.2，当生鲜农产品库存时的最优订货周期大于产品的保鲜期时，保鲜期的限制使按照批量 Q_0^* 订货时的总成本增加，甚至高于按照保鲜期的时间进行订货的批量 Q_τ 时的成本。从经济的角度考虑，零售商不需要额外再进行生鲜农产品的处理，而直接订购满足保鲜期内市场需求的量是比较划算的。

5.3　保鲜努力水平影响保鲜期的扩展模型

5.3.1　最优订货周期不大于保鲜期时的订货和保鲜决策

5.2 节中的保鲜期仅与时间因素相关，而实际上保鲜期与保鲜努力程度或保鲜投入等保鲜因素也相关。当零售商降低库存温度、减少湿度等时，可以延长生鲜农产品的保鲜期。当然，也同时会增加能耗、人工等相关的库存成本。

设零售商的保鲜努力程度即保鲜因子 $\lambda(0\leqslant\lambda\leqslant1)$，$\lambda=1$ 时，零售商尽最大的努力进行保鲜；$\lambda=0$ 时，零售商不保鲜。保鲜期不仅与时间因素相关，还与保鲜努力程度有关。考虑保鲜因子是一个与边际库存持有成本相关的系数，λ 越大，保鲜的努力程度越高，相应的边际库存持有成本越多。这里将这个边际库存持有成本称为保鲜成本。设最大保鲜因子($\lambda=1$)下的单位保鲜成本为 $\bar{h}$，则任意保鲜因子 λ 下的保鲜成本为 $\lambda\bar{h}$。如果对生鲜农产品进行保鲜，不考虑保鲜期限制的库存模型中成本由固定订货成本、可变订货成本、库存持有成本、保鲜成本组成，即有：

$$\begin{aligned}\overline{\mathrm{TC}_0}&=\frac{D}{Q_0}A+\frac{1}{2}h\,Q_0+cD+\frac{1}{2}\lambda\bar{h}\,Q_0\\&=\frac{D}{Q_0}A+\frac{1}{2}(h+\lambda\bar{h})Q_0+cD\end{aligned}\tag{5-10}$$

当 $\lambda=0$ 即没有任何额外的保鲜努力时，式(5-10)与式(5-2)相同。

由式(5-10)很容易得到不考虑保鲜期限制，保鲜因子为 λ 下的生鲜农产品最优订货批量和最优订货周期分别为：

$$\overline{Q_0^*}=\sqrt{\frac{2AD}{h+\lambda\bar{h}}} \tag{5-11}$$

$$\overline{T_0^*}=\sqrt{\frac{2A}{(h+\lambda\bar{h})D}} \tag{5-12}$$

最小的平均总成本为：

$$\overline{\mathrm{TC}_0^*}=\sqrt{2AD(h+\lambda\bar{h})}+cD \tag{5-13}$$

定理 5.3 不考虑保鲜期限制，零售商采取措施进行保鲜后：库存总成本会增加，最优的订货批量减少，最优的订货周期缩短。

证明：由 $\overline{Q_0^*}<Q_0^*$，$\overline{T_0^*}<T_0^*$，$\overline{\mathrm{TC}_0{}^*}>\mathrm{TC}_0^*$，可得定理 5.3 结论。

[证毕]

定理 5.3 也指出，当最优订货周期不大于生鲜农产品的保鲜期时，对生鲜农产品进行保鲜，会减少订货量但增加总成本。则有如下推论。

推论 5.1 当 $T_0^*\leqslant\tau$，不需要对生鲜农产品进行保鲜。

$T_0^*\leqslant\tau$ 下，零售商不需要保鲜，其最优订货量和最优订货周期分别为 $Q^*=\overline{Q_0^*}$，$T^*=\overline{T_0^*}$；最优平均总成本为 $\mathrm{TC}^*=\overline{\mathrm{TC}_0^*}$。

5.3.2 最优订货周期大于保鲜期时的订货和保鲜决策

当 $\tau<T_0^*$ 时，零售商的订货决策将受到保鲜期的影响。在一般的库存状态下，生鲜农产品的保鲜期是 τ，而在有保鲜的努力或投入的情况下，设生鲜农产品的保鲜期可以延长到 $\bar{\tau}$。由定理 5.3，不考虑保鲜期限制的最优订货周期在保鲜后从 T_0^* 缩短到 $\overline{T_0{}^*}$。如图 5.9 所示。

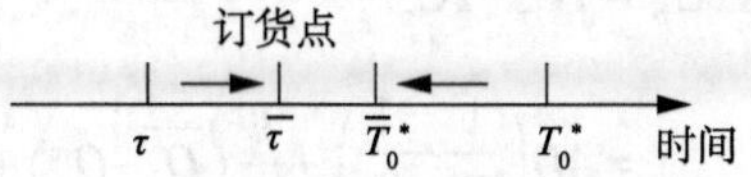

图 5.9　$\tau<T_0^*$ 时有保鲜努力下的订货时间点

不考虑保鲜期限制，保鲜下的生鲜农产品最优订货量为式(5-11)。当零售商采取保鲜措施且延长后的保鲜期仍然限制订货周期时($\bar{\tau}<\overline{T_0^*}$)，若仍按最优的订货量$\overline{Q_0^*}$进行订货决策，则部分生鲜农产品将因为不满足需求会被低价处理。保鲜后的库存模型中成本除了固定订货成本、可变订货成本、库存持有成本、保鲜成本 4 部分，还会产生损失成本。根据定理 5.2，此时的最优订货批量应为$\overline{Q_\tau}$，而对应的平均总成本则为：

$$\overline{\mathrm{TC}_\tau}=\frac{D}{\overline{Q_\tau}}A+\frac{h+\lambda\bar{h}}{2}\overline{Q_\tau}+cD \tag{5-14}$$

$\overline{\mathrm{TC}_\tau}$是在保鲜期限制下，进行额外的保鲜努力或投入延长保鲜期后得到的。与按照保鲜期 τ 订货但没有进行保鲜时的平均总成本 TC_τ 相比，延长保鲜期减少了订货成本，同时增加了保鲜成本和库存持有成本。虽然保鲜使保鲜期向最优的订货周期逼近(图 5.8)，但这种情况下的平均成本曲线发生了变化，最优的订货周期也随之改变。

当 $\tau<T_0^*$ 时，保鲜前最优的订货批量应为 Q_τ，对应的平均总成本为 $\mathrm{TC}_\tau=\frac{D}{Q_\tau}A+\frac{h}{2}Q_\tau+cD$。当采取保鲜努力对生鲜农产品进行保鲜时，平均总成本将会变成$\overline{\mathrm{TC}_\tau}=\frac{D}{\overline{Q_\tau}}A+\frac{h+\lambda\bar{h}}{2}\overline{Q_\tau}+cD$。保鲜前和保鲜后的平均总成本之间的差值为：

$$\begin{aligned}\Delta \mathrm{TC}_{\tau} &= \overline{\mathrm{TC}_{\tau}} - \mathrm{TC}_{\tau} \\ &= AD\left(\frac{1}{\overline{Q_{\tau}}} - \frac{1}{Q_{\tau}}\right) + \frac{h}{2}(\overline{Q_{\tau}} - Q_{\tau}) + \frac{\lambda \bar{h}}{2}\overline{Q_{\tau}} \\ &= (Q_{\tau} - \overline{Q_{\tau}})\left(\frac{AD}{Q_{\tau}\overline{Q_{\tau}}} - \frac{h}{2}\right) + \frac{\lambda \bar{h}}{2}\overline{Q_{\tau}}\end{aligned}$$

因为延长了生鲜农产品的保鲜期，所以有 $Q_{\tau}<\overline{Q_{\tau}}$。又最优订货周期大于生鲜农产品的保鲜期($\tau<T_0^*$)，有 $Q_{\tau}<\overline{Q_{\tau}}<Q_0^*$，而 $Q_0^*=\sqrt{\dfrac{2AD}{h}}$，则可得 $\dfrac{AD}{Q_{\tau}\overline{Q_{\tau}}}-\dfrac{h}{2}>\dfrac{AD}{(Q^*)^2}-\dfrac{h}{2}=0$。虽然 $\dfrac{AD}{Q_{\tau}\overline{Q_{\tau}}}-\dfrac{h}{2}>0$，但由于 $Q_{\tau}<\overline{Q_{\tau}}$，$sgn(\Delta \mathrm{TC}_{\tau})$可能为负可能为正，甚至可能为0。在保鲜期限制订货周期的这种情况下，保鲜不一定会降低平均总成本。

进一步，设保鲜因子 λ 下，延长后的生鲜农产品保鲜期为 $\bar{\tau}=f(\lambda)$，即保鲜后的保鲜期是保鲜因子的函数。$f(\lambda)$与保鲜因子有关，保鲜因子越大，零售商投入的保鲜努力程度越大，生鲜农产品被延长的保鲜期越长。在固有保鲜期 τ 的基础上，零售商可以将保鲜期延长到 $f(\lambda)$，$f(\lambda)$具体的函数形式在不同的生鲜农产品中不同，但无论何种形式，均有$f(\lambda)>1$且是关于 λ 的增函数。有定理5.4如下。

定理5.4 当 $\tau<T_0^*$，若 $H_1f(\lambda)^2+H_2f(\lambda)+H_3<0$，零售商保鲜可以降低平均总成本；若 $H_1f(\lambda)^2+H_2f(\lambda)+H_3>0$，零售商保鲜则会增加平均总成本。其中，$H_1=(h+\lambda\bar{h})\tau^2D$，$H_2=-(h\tau^2D+2A)$，$H_3=2A$。

证明： 由 $\bar{\tau}=f(\lambda)$得到 $\Delta \mathrm{TC}_{\tau}<0 \Leftrightarrow [\tau D-f(\lambda)\tau D]\left[\dfrac{AD}{\tau^2D^2f(\lambda)}-\dfrac{h}{2}\right]+\dfrac{\lambda\bar{h}}{2}f(\lambda)\tau D<0 \Leftrightarrow [1-f(\lambda)][2A-h\tau^2Df(\lambda)]<-\lambda\bar{h}\tau^2Df(\lambda)^2 \Leftrightarrow (h+\lambda\bar{h})\tau^2Df(\lambda)^2-(h\tau^2D+2A)f(\lambda)+2A<0$。令 $H_1=(h+\lambda\bar{h})\tau^2D$，$H_2=-(h\tau^2D+2A)$，

$H_3=2A$，则在 $\tau<T_0^*$ 时，零售商按照保鲜期的时间订货，当 $H_1f(\lambda)^2+H_2f(\lambda)+H_3<0$，有 $\Delta TC_\tau<0$，即零售商保鲜可以降低平均总成本。相反，若 $H_1f(\lambda)^2+H_2f(\lambda)+H_3>0$，有 $\Delta TC_\tau>0$，零售商保鲜则会增加平均总成本。

［证毕］

保鲜会使零售商的平均总成本发生变化，不考虑保鲜期对订货周期的限制，零售商保鲜会缩短最优订货周期，并增加最优平均总成本。可以想象，保鲜后平均总成本函数的图像较保鲜前的平均总成本函数的图像向上（最优平均总成本增加）向左（最优订货周期/最优订货量减少）发生移动，并且图像开口也发生变化。所以，只有当保鲜后的平均最优总成本小于受保鲜期限制订货情况下的成本时，即 $\overline{TC_0^*}<TC_\tau$ 时，延长保鲜期才会降低成本，使成本向最优平均总成本逼近。相反，保鲜后最优的平均总成本 $\overline{TC_0^*}$ 若不小于 TC_τ，保鲜一定会增加零售商的成本，没有任何经济上的意义。因为即使可以将保鲜期延长到新的最优订货周期，但由于 $\overline{TC_0^*}\geqslant TC_\tau$，这种结果反而增加了零售商成本，则此时零售商的最优订货决策为仍然按照 Q_τ 的量进行订货。有定理 5.5 如下。

定理 5.5　当 $\tau<T_0^*$，若 $\overline{TC_0^*}\geqslant TC_\tau$，零售商不需要保鲜。最优订货量和最优订货周期分别为 $Q^*=Q_\tau$，$T^*=\tau$，最优平均总成本为 $TC^*=TC_\tau$。

证明： 按照定理 5.2 中的证明，当有保鲜努力或保鲜投入时，$\overline{TC_\tau}$ 总是大于 $\overline{TC_0^*}$，若 $\overline{TC_0^*}\geqslant TC_\tau$，则有 $\overline{TC_\tau}>\overline{TC_0^*}\geqslant TC_\tau$，容易得到 $\Delta TC_\tau=\overline{TC_\tau}-TC_\tau>0$。因此，零售商保鲜只会增加成本，零售商不需要保鲜，最优的订货周期仍为 τ。

［证毕］

当 $\overline{TC_0^*}<TC_\tau$ 时，保鲜延长保鲜期后的成本会从 TC_τ 向最优平均总成本 $\overline{TC_0^*}$ 逼近，所以保鲜使零售商成本降低。

定理 5.6 当 $\tau<T_0^*$，若$\overline{TC_0^*}<TC_\tau$，零售商保鲜会降低成本。

这种情况下，零售商的最优决策是保鲜，但是其最优订货决策比较复杂。因为零售商在延长保鲜期的过程中，最优的订货周期$\overline{T_0^*}$也在不断缩短。可能会出现保鲜后 $\bar{\tau}\geqslant\overline{T_0^*}$的情况，这时保鲜期不再对订货周期产生限制，最优的订货决策为$\overline{T_0^*}$和$\overline{Q_0^*}$。也可能在保鲜后仍为 $\bar{\tau}<\overline{T_0^*}$，所以最优的订货决策应为 $\bar{\tau}$ 和$\overline{Q_\tau}$。

由定理 5.5 和定理 5.6 可以得到推论 5.2 如下：

推论 5.2 若$\varphi\overline{T_0^*}\leqslant\tau<T_0^*$，零售商的最优决策为不保鲜；若$0<\tau<\varphi\overline{T_0^*}$，零售商保鲜会降低成本。其中，$\varphi=\sqrt{\dfrac{(h+\lambda\bar{h})[f(\lambda)-1]}{f(\lambda)[(h+\lambda\bar{h})f(\lambda)-h]}}$，且$0<\varphi<1$。

证明： 由$\overline{TC_0^*}=\dfrac{D}{\overline{Q_0^*}}A+\dfrac{h+\lambda\bar{h}}{2}\overline{Q_0^*}+cD$ 和 $TC_\tau=\dfrac{D}{Q_\tau}A+\dfrac{h}{2}Q_\tau+cD$，

$$\overline{TC_0^*}\geqslant TC_\tau$$

$$\Leftrightarrow\frac{D}{\bar{\tau}D}A+\frac{h+\lambda\bar{h}}{2}\bar{\tau}D+cD\geqslant\frac{D}{Q_\tau}A+\frac{h}{2}Q_\tau+cD$$

$$\Leftrightarrow\frac{D}{f(\lambda)\tau D}A+\frac{h+\lambda\bar{h}}{2}f(\lambda)\tau D+cD-\frac{D}{Q_\tau}A-\frac{h}{2}Q_\tau-cD\geqslant0$$

$$\Leftrightarrow\frac{D}{f(\lambda)Q_\tau}A+\frac{h+\lambda\bar{h}}{2}f(\lambda)Q_\tau-\frac{D}{Q_\tau}A-\frac{h}{2}Q_\tau\geqslant0$$

$$\Leftrightarrow\frac{AD}{Q_\tau}\left[\frac{1}{f(\lambda)}-1\right]+\frac{h}{2}Q_\tau[f(\lambda)-1]+\frac{\lambda\bar{h}}{2}f(\lambda)Q_\tau\geqslant0$$

$$\Leftrightarrow[f(\lambda)-1]\left[\frac{h}{2}Q_\tau-\frac{AD}{f(\lambda)}\frac{1}{Q_\tau}\right]\geqslant-\frac{\lambda\bar{h}}{2}f(\lambda)Q_\tau$$

$$\Leftrightarrow\frac{h}{2}-\frac{AD}{f(\lambda)}\frac{1}{Q_\tau^2}\geqslant-\frac{\lambda\bar{h}f(\lambda)}{2[f(\lambda)-1]}$$

$$\Leftrightarrow Q_\tau \geqslant \sqrt{\frac{2AD[f(\lambda)-1]}{f(\lambda)[hf(\lambda)-h+\lambda\bar{h}f(\lambda)]}}$$

$Q_\tau=\tau D$，则由上式可得：

$$\tau \geqslant \sqrt{\frac{2A[f(\lambda)-1]}{Df(\lambda)[hf(\lambda)-h+\lambda\bar{h}f(\lambda)]}}$$

$$\Rightarrow \tau \geqslant \sqrt{\frac{2A}{(h+\lambda\bar{h})D}}\sqrt{\frac{(h+\lambda\bar{h})[f(\lambda)-1]}{f(\lambda)[(h+\lambda\bar{h})f(\lambda)-h]}}$$

其中，$\sqrt{\frac{2A}{(h+\lambda\bar{h})D}}=\overline{T_0^*}$。令 $\varphi=\sqrt{\frac{(h+\lambda\bar{h})[f(\lambda)-1]}{f(\lambda)[(h+\lambda\bar{h})f(\lambda)-h]}}$，则有：

$$\overline{TC_0^*} \geqslant TC_\tau \Leftrightarrow \tau \geqslant \varphi\,\overline{T_0^*}$$

相反，$\overline{TC_0^*}<TC_\tau \Leftrightarrow \tau<\varphi\,\overline{T_0^*}$，容易得出系数 $0<\varphi<1$，则在保鲜期限制订货周期 $\tau<T_0^*$ 下，有定理结论。

［证毕］

这里将系数 φ 称为保鲜控制系数，考虑有保鲜努力或保鲜投入时，没有保鲜期限制的最优订货周期$\overline{T_0^*}$缩短。当生鲜农产品的固有保鲜期 τ 小于$\overline{T_0^*}$的 φ 倍时，保鲜可以减少成本。当生鲜农产品固有的保鲜期 τ 较大时（$\tau \geqslant \varphi\,\overline{T_0^*}$），保鲜不会降低成本，零售商的最优决策是不进行保鲜，且仍然按照保鲜期时间内对应的需求订货。

推论 5.2 中，当 $0<\tau<\varphi\,\overline{T_0^*}$，对生鲜农产品保鲜延长保鲜期，相当于通过保鲜使实际的订货周期向最优订货周期逼近，则成本也会向最优平均总成本接近。因此，固定保鲜努力程度或保鲜投入下，只要 $0<\tau<\varphi\,\overline{T_0^*}$，保鲜期延长后订货量$\overline{Q_\tau}$下对应的总成本小于订货量为 Q_τ 时的总成本。保鲜虽然增加了保鲜成本，却降低了总成本。

由定理 5.2，当 $\bar{\tau}<\overline{T_0^*}$ 时，零售商按照 $\bar{\tau}D$ 的订货量订货，只要

$\overline{TC_0^*}<TC_\tau$，此时的成本低于保鲜前，并且成本$\overline{TC_\tau}$随保鲜因子 λ 的增加而越来越接近$\overline{TC_0^*}$；$\overline{T_0^*}\leqslant\bar{\tau}$ 时，零售商按照$\overline{T_0^*}D$ 的订货量订货，由定理 5.3，此时的成本会大于保鲜前，并且成本$\overline{TC_0^*}$随保鲜因子的增加而增加。

综上，只有当保鲜后的最优平均总成本小于保鲜前保鲜期限制下的平均总成本时($\overline{TC_0^*}<TC_\tau$)，零售商才考虑进行保鲜，在保鲜期可以被无限延长的假设下，零售商可以选择恰当的保鲜因子使生鲜农产品的保鲜期延长到$\bar{\tau}=\overline{T_0^*}$，此时$\overline{TC_\tau}=\overline{TC_0^*}$。其中 $\bar{\tau}$ 是保鲜后的生鲜农产品保鲜期，因为 $\bar{\tau}(\lambda)=f(\lambda)$，即保鲜后的保鲜期是保鲜因子的函数，当具体的函数形式 $f(\lambda)$ 给定时，可得到令等式成立的保鲜因子 λ。

5.4 数值分析的例子

本节对 5.3 节中的部分结论给出数值分析的例子，并分析保鲜因子 λ 变化下的成本及订货决策的变化情况。设 D、A、c、h、$\bar{h}$、τ 是分别在范围[0,1 000]、[0,1 000]、[0,15]、[0,15]、[0,15]、[0,5]中服从均匀分布的随机变量。

当 $T_0^*\leqslant\tau$ 时，生鲜农产品的保鲜期足够长，保鲜期对库存时的订货周期没有影响。有保鲜努力或保鲜投入时，这种情境下的库存成本曲线及最优订货决策均发生变化。令保鲜因子从[0,1]的范围内以步长 0.1 均匀变化，[D A c h $\bar{h}$ τ]的取值为[660 760 2.3 4.0 6.0 0.5]，则保鲜因子变化下的最优订货量、最优订货周期和最优平均总成本如图 5.10 所示。

随着保鲜因子的增加，$T_0^*\leqslant\tau$ 下生鲜农产品的最优订货量减少，最

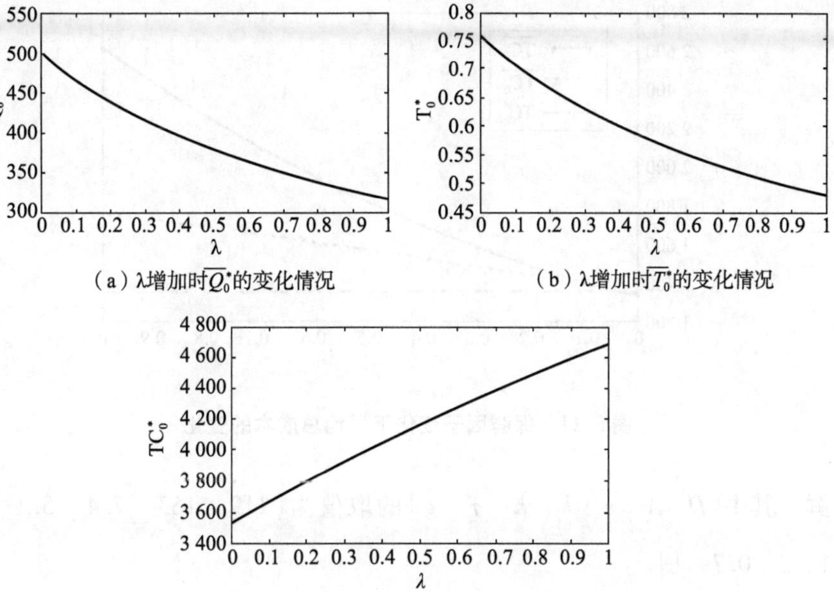

（a）λ增加时$\overline{Q_0^*}$的变化情况　（b）λ增加时$\overline{T_0^*}$的变化情况

（c）λ增加时$\overline{TC_0^*}$的变化情况

图 5.10　$T_0^* \leqslant \tau$ 下保鲜因子变化对最优平均总成本和最优订货决策的影响

优订货周期缩短，而最优平均总成本由于保鲜成本的增加而增加。

当 $\tau < T_0^*$ 时，生鲜农产品的保鲜期限制订货周期，保鲜虽然可以延长生鲜农产品的保鲜期，但不一定降低零售商的平均总成本。这里设 $f(\lambda)=1+g$，$g>0$ 是一个与保鲜因子有关的延长系数。保鲜努力程度（保鲜因子）λ 下，延长后的保鲜期为 $\bar{\tau}=\tau(1+g\lambda)$。这种假设下，保鲜因子线性的延长保鲜期在固有保鲜期 τ 的基础上，零售商最大可以延长的保鲜期为 $g\tau$，当 $g=1$ 时，最大保鲜努力下生鲜农产品的保鲜期可以被延长一倍。

在这种 $f(\lambda)$ 的假设下，如图 5.11 所示，当$\overline{TC_0^*} \geqslant TC_\tau$，零售商保鲜前的成本为 TC_τ，保鲜后的平均总成本$\overline{TC_\tau}$随保鲜因子的增加而增加，且$\overline{TC_\tau} > TC_\tau$，保鲜措施使零售商成本增加，则零售商最优的决策为不保

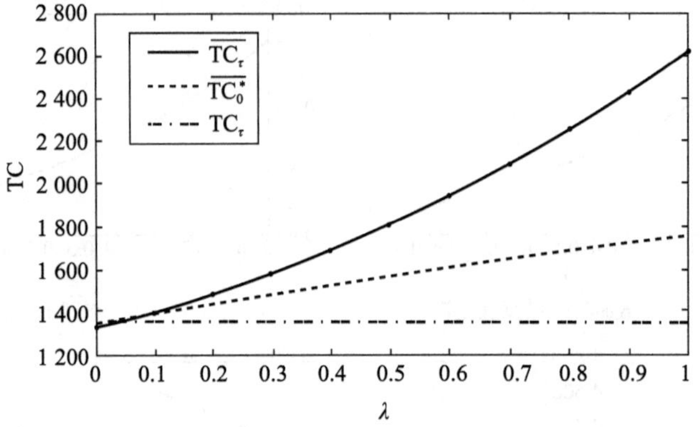

图 5.11　保鲜因子变化下平均总成本的变化

鲜。其中[D　A　c　h　$\bar{h}$　τ　g]的取值为[119　163　7.4　5.1　14.3　0.7　1]。

$\tau<T_0^*$ 下当$\overline{TC_0^*}<TC_\tau$，由定理 5.6 可知，零售商采取保鲜措施可以降低成本，虽然成本较保鲜前低，但可能出现两种情况。如图 5.12 中的 case 1 和 case 2。在(a) case 1 中，[D　A　c　h　$\bar{h}$　τ　g]的取值为[300　650　1.0　1.5　5.4　0.5　1]。保鲜后的平均总成本随保鲜因子的增加先降低后升高。在保鲜努力程度较小时，$\overline{TC_\tau}$低于保鲜前的成本 TC_τ，零售商的最优决策为保鲜。直到$\overline{TC_\tau}=\overline{TC_0^*}$后，零售商再增加保鲜努力程度只会令$\overline{TC_\tau}>TC_\tau$，保鲜措施是不经济的。由图 5.12(a)可知，$\lambda<0.69$ 时，保鲜可以使零售商平均总成本降低；$\lambda>0.69$ 时，零售商继续采取保鲜措施只会使平均总成本增加；$\lambda=0.69$ 时，虽然有$\overline{TC_\tau}=\overline{TC_0^*}$，但此时的 λ 只是零售商可保鲜的最大保鲜努力程度，并不是最优的保鲜因子值。零售商最低的平均总成本在 $\lambda=0.3$ 时得到，原因在于虽然 $\overline{TC_\tau}\mid_{\lambda=0.3}>\overline{TC_0^*}\mid_{\lambda=0.3}$，$\overline{TC_\tau}$并没有完全接近$\overline{TC_0^*}$，但如果继续增加保鲜努力或保鲜投入令 λ 增加，$\overline{TC_\tau}$虽然越来越接近$\overline{TC_0^*}$，但$\overline{TC_\tau}$的值

也会在 $\lambda=0.3$ 这个拐点之后，随 $\overline{TC_0^*}$ 的增加而增加。所以，在这个例子里，零售商最优的保鲜决策应为 $\lambda^*=0.3$，而零售商可保鲜的最大保鲜努力程度则为 $\lambda=0.69$。相应的零售商最优订货周期为 $T^*=(1+g\lambda)\tau\mid_{\lambda=0.3}=0.65$，最优订货量为 $Q^*=0.65\times D=195$。

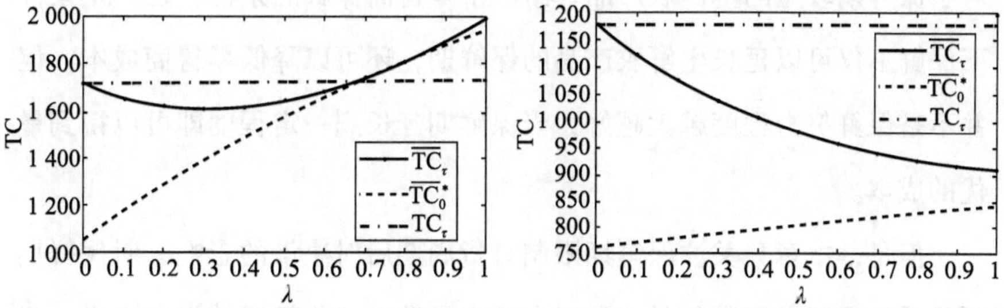

（a）case 1　　（b）case 2

图 5.12　保鲜因子变化下平均总成本的变化

在(b)case 2 中，$[D\quad A\quad c\quad h\quad \bar{h}\quad \tau\quad g]$的取值为[80　350　5.5　1.9　1.0　0.5　1]。零售商保鲜后的平均总成本随保鲜因子的增加而减少，并不断接近最优的平均总成本 $\overline{TC_0^*}$，但由于保鲜期无法延长到 $\overline{T_0^*}$，所以 $\overline{TC_\tau}$ 不会出现图 5.12(a)中的拐点。这种情况下，零售商最优的保鲜决策为 $\lambda^*=1$。零售商此时最优的订货周期为 $T^*=(1+g\lambda)\tau\mid_{\lambda=1}=1$，最优订货量为 $Q^*=1\times D=80$。

5.5　本章小结

本章考查保鲜期对生鲜农产品决策的影响，研究了保鲜期限制订货周期下的库存优化决策，而保鲜期变化及影响库存优化决策的生鲜农产品库存问题还少有文献涉及。本章基于 B2B 的生鲜农产品流通模式对这一问题进行了研究。当有保鲜期限制时，零售商应该考虑最优订货周期和保鲜期的大小，选择满足较小时间段的批量进行订货。进一步，基于保鲜可以延长保鲜期的假设，对保鲜期限制下的库存决策进行了分情况的讨论。结果表明，对于保鲜期较长的生鲜农产品，保鲜虽然会延长保鲜期，但也会增加零售商的总成本，这种情况下的保鲜是不必要的；对于保鲜期较短的生鲜农产品，给出了零售商保鲜的条件，在一定条件下保鲜不仅可以延长生鲜农产品的保鲜期，还可以降低零售商成本，但并不是保鲜努力程度越大越好，当保鲜期延长到一定程度即可以得到最优的成本。

但是，本章只关注保鲜期限制订货周期后对决策的影响，对保鲜期延长后的保鲜期函数的具体形式和成本函数的变化情况并没有更进一步的讨论，也没有给出最优保鲜因子的表达式。这部分内容有待日后深入研究。

第6章 交叉易腐性影响保鲜控制的混合库存优化决策

第5章以B2B的商业模式为例，研究了保鲜期限制下的生鲜农产品库存优化决策。生鲜农产品的类型决定了其保鲜期，在保鲜期内的生鲜农产品通常被认为是新鲜的且没有明显的变质损失。当生鲜农产品的保鲜期发生变化时，与之相关的成本和管理决策都会发生明显变化。然而在实际的库存中，生鲜农产品通常会一起存储和摆放，一些生鲜农产品会受到其他产品的影响，其保鲜期由于产品间的生物、化学特性而发生变化。本章将生鲜农产品的保鲜期由于受到其他生鲜农产品的影响而发生变化的特性称为交叉易腐性，并将产品间的交叉易腐性也作为一类影响库存决策的质量因素，研究多种生鲜农产品混合库存下的优化决策。

(1)对于单种生鲜农产品来说，其自身的新鲜度特性会对保鲜期产生影响。不同新鲜程度的同一种生鲜农产品，其保鲜期的长短不尽相同。一些保鲜措施等也会延长生鲜农产品的保鲜期。近年来，一些学者虽然用模型阐述了在生鲜农产品库存中引入保鲜技术，采取保鲜措施所带来的额外成本和好处，但其研究目的在于通过影响生鲜农产品的变质率来提高供应链效益。Hsu等(2010)研究零售商投入保鲜技术可以延缓产品的变质速率。Dye和Hsieh(2012)研究了保鲜成本下的易腐产品补货策略问题，得到利润最大化时的最佳保鲜成本投入和补货策略。这些研究并没有考查保鲜技术或保鲜努力延长保鲜期对库存决策产生的影响。

(2)对多种生鲜农产品库存管理的研究，在现存文献中还是比较少的。这种不平衡的现象可以归因于多种产品库存模型要比单一产品库存模型更为复杂。但从现实的角度看，多种生鲜农产品的混合库存更贴合实际，因为大多数生鲜农产品的零售商通常不止出售一种产品，他们需要同时管理多个产品的库存。王磊和但斌(2013)针对生鲜农产品易变质的特性，构建了零售商的生鲜农产品多品种订货模型，分析了针对供应商不同单位保鲜成本的零售商订货决策。Li 等(2007)建立了零售商针对多种易腐品的独立订货和延迟订货的成本模型，基于 EOQ 原理比较研究了变质率对两种库存补货策略的影响，认为在确定性环境下易腐品延迟策略可以获得更低的总平均成本。Piramuthu 和 Zhou(2013)研究了多种生鲜农产品新鲜度和货架空间的库存问题。Akcay 等(2010)对能够彼此替代的多种生鲜农产品库存问题进行了研究。同样，Maity 和 Maiti(2009)也在模型中考查了产品之间的可替代性，并结合一个同时销售香蕉和苹果的商家的例子，阐述如何在有限的资源条件下实现最优化库存管理。现实生活中，多种生鲜农产品混合库存时，产品间还会发生生物、化学反应，使彼此的质量受到影响，乃至影响库存决策，但这种影响在现有文献中并没有研究。对这种生鲜农产品之间的生物、化学反应以及这种反应对生鲜农产品库存影响的描述和分析，有助于完善变质产品库存管理理论，提出更贴近管理实践的生鲜农产品库存决策内容。

(3)本章关于交叉易腐性特征的参数形式，以及复杂模型的分析和决策内容等，都需要基于物联网和 RFID 等物流技术应用所获取的数据进行分析。在变质产品库存管理中关于数据驱动这一主题的研究目前还比较少。Chande 等(2005)依据变质产品库存的年龄分布数据研究了产品的动态定价模型。其他更多相关主题的研究常常考查变质产品的变质特性，并基于报童问题构建模型，对订货量的决策进行研究(Levi et al.，2015)。经典的报童问题处理的是分布已知的随机需求，但在实际中，常常并不知道准确的需求分布的信息。Huh 等(2011)首先提出了一类新的基于 Kaplan-Meier 估计量的随机库存控制问题的非参数自适应数据驱动策略。他们认为通常被假设服从某种分布模式的需求，事实上可以通过过去的销售数据获得。Besbes 和 Muharremoglu(2013)也研究仅能依靠收集数据来获知需求的潜在需求分布不明的报童问题。Huber 等(2019)通过提出一种完全与数据直接相关的方法来建立报童模型。Levi 等(2015)在研究变质产品库存问题的过程中，引入了关于随机需求分布性质的新概念(称为加权平均分布)，并针对数据驱动样本的平均值的近似启发式算法，发展了对其准确性的概率理解。Chande 等(2005)处理混合价格促销的复杂问题，并根据大数据内容在变质库存中提出相应的补货策略。目前关于变质类产品库存管理方面的研究，仍依据以传统变质库存模型为主的优化模型，无论是需求率还是变质率，大多是固定模式的参数假设形式。然而在不同种类生鲜农产品的不同库存环境和市场环境中，需求率及变质率会随时变化和更新，其模式更为复杂和动态。基于物联网平台数据的驱动，研究“需求率和变质率可由数据进行分析的变质产品库存优化决策”问题，是一个迫切需要面对和解决的重要问题。

总之，本章综合变质率、新鲜度、保鲜期和交叉易腐性等多种质量因素，建立生鲜农产品混合库存下的复杂模型；在物联网传感系统应用背景下，基于数据驱动对模型性质和库存控制策略进行研究。

6.1 生鲜农产品混合库存时的交叉易腐性

根据食品科学方面的研究，造成交叉易腐性的原因通常有两种。一种是化学物质乙烯的作用。乙烯是许多水果成熟时会产生的一种化学物质，这种化学物质的散发会加速其他水果和蔬菜的成熟。过多的乙烯会导致叶绿素的丧失，如果水果的一部分发生了腐坏，通常会使其他部分加速腐烂(Wu et al.，2018)。然而，不同的产品在乙烯的释放方面和对其反应方面有不同的特性。例如，苹果、鳄梨、成熟的香蕉、卷心菜、茄子、莴苣等产品都会产生大量的乙烯气体，也容易受其影响。有些水果和蔬菜本身不会产生很多乙烯，却对乙烯很敏感，如芦笋、西兰花、芽甘蓝、胡萝卜、青豆、葡萄等。当然，还有一些产品既不产生乙烯，对其影响的反应也不大，如灯笼椒、浆果和柑橘类水果等(Bhattacharjee and Dhua，2017)。另一种是细菌的作用(Borch et al.，1996)，细菌可能会加速腐败过程，这取决于库存时的温度和产品的包装情况等。以肉类为例，不同条件和环境下的许多细菌种群都可以使肉类腐坏(Casaburi et al.，2015)。可以说，腐坏源于细菌等微生物的生长，细菌的生长过程中通常需要消耗很多肉类的营养物质，并随之释放出不需要的代谢物。在肉类存储过程中，由于细菌生长产生的挥发性有机化合物(volatile organic compounds，VOCs)等代谢产物会对人的嗅觉产生影响，当这些 VOCs 聚集到一定浓度时，肉类会因为非常难闻而不能继续被食用。肉类在库存期间产生的 VOCs 通常包括醇类、醛类、酮类、脂肪酸、酯类和硫化合物等。

因乙烯释放或细菌感染等产生交叉易腐性的现象在生鲜农产品库存的实践中经常发生。除了库存环节，零售商销售环节、分销中心以及运输车辆中都存在这种交叉易腐性。当然，除了生鲜农产品等食品行业，在化学、石油和天然气、医药等行业也存在这种产品间的交叉易腐性。然而，现有的研究文献中还没有对库存管理中交叉易腐性的影响的研究。因此，本书首次提出交叉易腐性的概念，并定义交叉易腐性矩阵来反映生鲜农产品混合库存时产品两两之间质量的相互影响关系。

从经济的角度来看，将多种生鲜农产品共同存放，既节省存储空间又降低库存成本，是常见和合理的库存方式。生鲜农产品在存放时，除了有与空间租赁、占用资金等方面相关的库存持有成本，还有与保存或保鲜生鲜农产品有关的成本，如为了保鲜维持仓库的温度和湿度等产生的成本。因此，当生鲜农产品混合库存时，零售商需要考虑的成本有库存持有成本、变质成本和保鲜成本。交叉易腐性如何影响最优库存决策，也是生鲜农产品混合库存管理需要研究的问题，并进一步提出一个由可控的保鲜努力程度和交叉易腐性共同影响的可变的保鲜期，以反映上述运作特征。

目前，物联网和传感系统(如 RFID 技术等)在生鲜农产品供应链中的广泛应用，使其对交叉易腐性进行分析的技术障碍得以扫除。物联网和传感器技术可以帮助跟踪和测量生鲜农产品库存中的一些关键指标，如产品的新鲜度，库存有关的温度、湿度、空气质量、水质等。因此，集成物联网、传感器和数据分析技术的决策系统，对研究生鲜农产品的混合库存管理问题至关重要。首先，混合库存时，不同种类产品之间的交叉易腐性影响大多是未知的，需要依靠物联网及传感器数据从连续监测和学习中提取这些知识；其次，寻找最佳库存策略，将依靠基于物联网和传感器的数据和数据分析工具；最后，实时库存决策制定和保鲜控制也取决于物联网、传感器和数据分析工具的有效使用。虽然目前相关物流技术和传感技术的成本较高，但其发展越来越快。当这些相关技术越来越成熟，技术应用的范围越来越广泛时，对交叉易腐性的数据收集和分析可能就只是技术应用后的一点附加工作，为分析交叉易腐性而应用技术的机会成本会大大降低，技术的发展最终会为提高库存控制提供分析的平台。

本章考查保鲜期变化，引入一个保鲜控制变量，首先建立单种生鲜农产品库存时的保鲜期函数。其次，综合保鲜控制变量和交叉易腐性的影响，对多种生鲜农产品混合库存时的优化决策进行研究。随着存储的产品类型数量增加，交叉易腐性问题的计算复杂性将急剧增加。这种复杂性使库存时的产品选择、库存容量限制、变化的保鲜期和保鲜控制变量等多种因素被整合在一起，不可能通过解析的方式推导出最优库存决策。因此，在考查交叉易腐性的部分中，首先分析两种生鲜农产品混合库存时的简单交叉易腐问题，得到相关定理和数值分析结果；再对两种以上生鲜农产品的混合库存问题进行研究。虽然这类问题没有明确的数学解析，但可以通过相应的搜索算法找到结果。基于这个复杂库存问题中有关决策变量的上下界条件，可以通过搜索算法对多种生鲜农产品混合库存时具有多种交叉易腐性效应的复杂非线性问题进行快速收敛，找到可行的全局最优解。

6.2 基本模型

本节考查一个物联网和 RFID 技术支持下的保鲜可控的、多种生鲜农产品混合存放的库存系统。库存管理决策的目的是通过决策订货量、订货周期和保鲜努力程度来最小化零售商的总成本。在这一部分的基本模型中，先不考虑交叉易腐性的影响，建立一个新鲜度和保鲜努力影响保鲜期的单种生鲜农产品库存的基本模型。首先在 6.2.1 中介绍一个简单的交叉易腐性的例子，其次在 6.2.2 中定义关键的符号并进行相关假设，再次在 6.2.3 中建立基本的单种产品库存模型，最后在 6.2.4 中介绍成本的构成并得到总成本的表达式和相关性质。

6.2.1　一个示例

图 6.1 展示了这样一个示例，在同一个冷藏柜中存放了六种不同种类的生鲜农产品(香蕉、切片西瓜、苹果、胡萝卜、卷心菜、西红柿)。

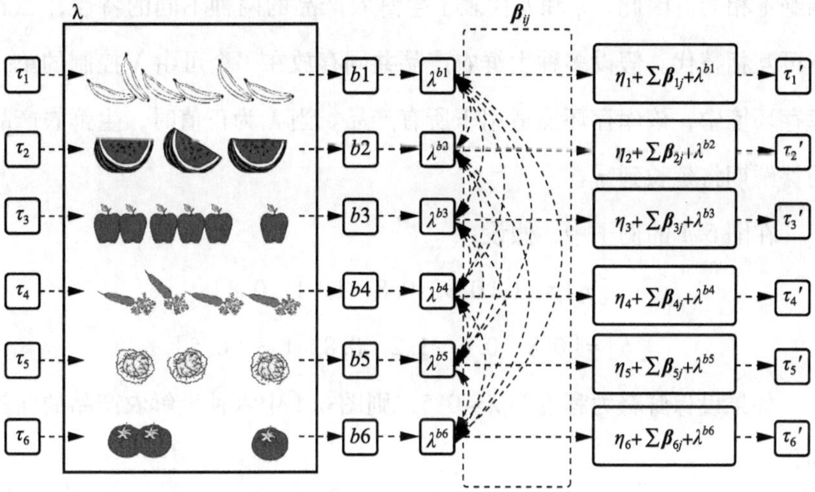

图 6.1　存储示例

首先假设在农产品最新鲜且没有额外的保鲜努力时，每种生鲜农产品的初始保鲜期是 τ_i，则有：

$$[\tau]=[15\quad 5\quad 21\quad 25\quad 12\quad 10]$$

定义一个可控的参数 λ，表示库存时为保持生鲜农产品的新鲜程度而付出的努力(与成本相关)。当有保鲜努力时，新的保鲜期变为 $\overline{\tau_i}=\tau_i(\eta_i+\lambda^{b_i})$，其中 η_i 为取值范围在 $[0,1]$ 的参数，表示产品的新鲜程度。当 $\eta_i=0$ 时，表示产品极不新鲜；当 $\eta_i=1$ 时，表示产品完全新鲜。$\eta_i=1$，$\lambda=0$ 时，$\overline{\tau_i}=\tau_i$ 即为初始的保鲜期状态。b_i 为相同保鲜努力程度 λ 下，不同种类生鲜农产品的保鲜系数，描述的是与第 i 种生鲜农产品相关的边际保鲜期。η 为生鲜农产品的新鲜程度，b 为通过保鲜努力 λ 后不同的生鲜农产品的保鲜期变化指数，这二者都对生鲜农产品的初始保鲜期产生影响。更具体一些，无论 η 取何值，b 将会因为生鲜农产品种类的不同而取值不同。例如，在相同的温度控制下（相同的保鲜努力程度下），草莓、苹果或肉类等不同的生鲜农产品的保鲜期受保鲜努力的影响绝不相同。因此，η 和 b 代表了生鲜农产品的两种不同的特性，二者不可互相替代。假设多种生鲜农产品共同存放在一个可由 λ 控制的单一库存环境中，该库存环境适用于所有产品。当 λ 为正值时，生鲜农产品的保鲜期将延长到 $\overline{\tau_i}$。

在图 6.1 的例子中，假设：

$$[\eta]=[1\quad 0.9\quad 0.8\quad 1\quad 1\quad 0.8]$$

$$[b]=[0.8\quad 0.6\quad 1.2\quad 0.8\quad 1.3\quad 0.5]$$

如果设保鲜努力程度为 $\lambda=0.5$，则图 6.1 中六种生鲜农产品的保鲜期将变为：

$$[\overline{\tau}]=[23.62\quad 7.8\quad 25.94\quad 39.36\quad 16.87\quad 15.07]$$

定义：

$$[\overline{d}]=[\overline{\tau}-\tau]$$
$$=[8.62\quad 2.8\quad 4.94\quad 14.36\quad 4.87\quad 5.07]$$

则可以计算得到第 i 个生鲜农产品的最优库存策略。在这个例子中，由 λ、$[\eta]$、$[b]$ 和 $[d]$ 的值观察得到，在同一个冷藏柜中（正向的保鲜努力），相同的保鲜努力程度（$\lambda=0.5$）对西瓜的保鲜期影响最小，但对胡萝卜的保鲜期影响最大，其保鲜期被延长了 14 天左右。

现在考查交叉易腐性对保鲜期的影响。交叉易腐性是指不同的生鲜农产品混合库存时，相互间的生物化学反应如释放乙烯或携带细菌，会对生鲜农产品的保鲜期产生影响。假设可以观察到同一库存环境中不同种类生鲜农产品之间的相互影响 $\boldsymbol{\beta}$。事实上，$\boldsymbol{\beta}$ 的具体形式可以在生鲜农产品库存管理环境中通过一定的技术获知，这样的技术包括 IoT、RFID 和其他一些传感器网络(Piramuthu and Zhou，2016)。不同的产品类型对新鲜度、保鲜期等要素的测量方法也不同。在生鲜农产品等食品科学方面，有许多文献对不同变质产品质量要素的测量进行了研究。例如，鱼的新鲜度的测量可以通过生物/化学/物理等方法(Ocao-higuera et al.，2011)，具体如红外线光谱法(Nilsen et al.，2002)，TiO_2/SnO_2 厚膜半导体气体传感器技术(Jung and lee，2011)，电子鼻技术(Di Natale et al.，2001)，金属卟啉涂层传感器阵列方法(Di Natale et al.，1996)等。传感器等传感技术还能够用来检测蛋类(Lin et al.，2011)、蔬菜及水果类生鲜农产品的质量情况(Fillion and kilcast，2000)。

交叉易腐性在这里表现为生鲜农产品由于生物化学特性对相互之间保鲜期的影响程度。具体来说，可以将交叉易腐性定义为一个反映生鲜农产品两两之间相互影响程度的矩阵$[\boldsymbol{\beta}]$，该矩阵中的元素 $\boldsymbol{\beta}_{ij}$ 表示第 j 个产品对第 i 个产品的保鲜期的影响系数($0\leqslant\boldsymbol{\beta}_{ij}\leqslant1$)，它可能是正值(延长第 i 个产品的保鲜期)，可能是负值(缩短第 i 个产品的保鲜期)，也可能是 0(对第 i 个产品的保鲜期无影响)。在这个存放六种不同种类生鲜农产品的例子中，令：

$$[\boldsymbol{\beta}]=\begin{bmatrix} 0 & 0.1 & 0.2 & 0 & 0.1 & 0 \\ 0 & 0 & 0 & -0.1 & 0 & 0 \\ 0.12 & -0.3 & 0 & 0 & 0.05 & 0 \\ 0 & 0 & 0 & 0 & 0 & 0 \\ 0.3 & 0 & 0.1 & 0 & 0 & 0.05 \\ 0 & -0.2 & 0.1 & 0 & 0 & 0 \end{bmatrix}$$

这个数值例子的矩阵中，既有正的交叉易腐性影响系数，如$\boldsymbol{\beta}_{12}=0.1$；也有负的交叉易腐性影响系数，如$\boldsymbol{\beta}_{32}=-0.3$；还有对保鲜期没有影响的交叉易腐性影响系数，如$\boldsymbol{\beta}_{55}=0$。进一步，假设交叉易腐性对初始保鲜期的影响为线性，即交叉易腐性对生鲜农产品保鲜期的影响只取决于产品的类型，不管生鲜农产品的初始新鲜程度和保鲜努力程度如何，交叉易腐性对同一生鲜农产品的保鲜期的影响始终是相同的。综合交叉易腐性，第 i 种生鲜农产品的保鲜期将变为$\overline{\tau'_i}=\tau_i(\boldsymbol{\eta}_i+\sum_{j\neq i}\boldsymbol{\beta}_{ij}+\boldsymbol{\lambda}^{b_i})$，则上述六种生鲜农产品的保鲜期更新为：

$$[\overline{\tau'}]=[29.62 \quad 7.3 \quad 23.21 \quad 39.36 \quad 22.27 \quad 12.07]$$

令：

$$[\overline{d'}]=[\overline{\tau'}-\overline{\tau}]$$
$$=[6 \quad -0.5 \quad -2.73 \quad 0 \quad 5.4 \quad -3]$$

因此，即使在固定的保鲜努力程度 λ 下(相同的单一库存环境)，交叉易腐性效应的存在也会改变各种生鲜农产品的保鲜期，不同的生鲜产品存放方案将最终影响库存决策，并因此影响整个生鲜农产品供应链系统的绩效。

本节以这六种不同生鲜农产品共同存放为例，对将要研究的问题进行了说明，但交叉易腐性的应用不仅仅局限于食品行业。如前所述，在诸如石油和天然气行业、化学工业、医疗行业及不能密封包装的变质产品中均表现出类似的交叉易腐性效应。

6.2.2 符号和假设

T 和 Q 分别为订货周期和订货量，是传统库存模型中的常见决策变量。λ 为可控的保鲜努力程度，随着物联网相关技术的发展，保鲜可控并可测。不同的保鲜努力程度 λ 对应不同的温度、湿度、空气质量等，这些因素直接影响生鲜农产品保鲜期的时间和库存决策时订货量的多少。λ 的变化还与变质成本和保鲜成本相关，其直接影响库存成本的变化从而影响最优库存决策。因此，本章将 λ，T_i 和 Q_i 作为决策变量研究交叉易腐性这种现象对生鲜农产品库存决策的影响，并将相关符号总结列于表 6.1。

表 6.1　相关符号

	符　号	符号定义
决策变量	Q_i	第 i 种生鲜农产品的订货批量
	T_i	第 i 种生鲜农产品的订货周期
	λ	保鲜因子(保鲜努力程度)，$0 \leqslant \lambda \leqslant 1$
参　数	D_i	第 i 种生鲜农产品的需求率
	θ_i	第 i 种生鲜农产品的变质率，$0<\theta<1$
	τ_i	第 i 种生鲜农产品的初始保鲜期(新鲜度最大、无保鲜努力时的保鲜期)
	b_i	第 i 种生鲜农产品的保鲜系数
	η_i	第 i 种生鲜农产品的新鲜度，$0 \leqslant \eta_i \leqslant 1$
	$\boldsymbol{\beta}_{ij}$	产品 j 对产品 i 的交叉易腐性系数，$-1 \leqslant \boldsymbol{\beta}_{ij} \leqslant 1$，$\forall_{ij}$
	A_i	第 i 种生鲜农产品每次订货的固定订货成本
	c_i	第 i 种生鲜农产品的单位购买成本
	h_i	第 i 种生鲜农产品的单位库存持有成本
	$\overline{h_i}$	最大保鲜努力程度下第 i 种生鲜农产品的单位保鲜成本
	k_i	第 i 种生鲜农产品的保鲜成本系数
变　量	$I_i(t)$	第 i 种生鲜农产品在时间 t 时的库存水平
	$\overline{\tau_i}$	保鲜努力影响下第 i 种生鲜农产品的保鲜期
	$\overline{\tau'_i}$	保鲜努力和交叉易腐性共同影响下第 i 种生鲜农产品的保鲜期

交叉易腐性和保鲜努力都会对生鲜农产品的保鲜期产生影响。首先对保鲜期进行数学语言的描述。综合考虑所有对保鲜期产生影响的因素：生鲜农产品的新鲜程度，交叉易腐性，可控的保鲜努力程度。假设保鲜期的模型为以上三种因素的线性组合，进一步仿照食品科学中常用

的指数增长模型建立线性部分的具体形式，即有：

$$\overline{\tau'_i}=\tau_i(\ \boldsymbol{\eta}_i+\sum_{j\neq i}\boldsymbol{\beta}_{ij}+\boldsymbol{\lambda}^{b_i}) \tag{6-1}$$

式(6-1)的具体内容可以借由历史数据提前获知，如在库存的几个运作周期后，通过物联网传感技术进行数据收集和数据分析等获得式(6-1)中的参数。

在生鲜农产品的保鲜期内，假设不发生变质且产品质量维持在初始新鲜程度时的状态；过了保鲜期后，生鲜农产品发生明显变质且以一个固定的变质率 θ 产生损耗，这种现象称为非立即变质，相关的研究有 Tiwari 等(2016)、Wu 等(2006)、Gupta 和 Gerchak(1995)等。另外，假设零售商批量订货，并且一个批次的订货量 Q_i 在订货后同时到达仓库。在保鲜期内，库存量仅仅由于满足市场需求而减少；保鲜期后，生鲜农产品开始变质，库存量不仅受需求的影响，还由于生鲜农产品的变质损耗而减少。当库存水平降为 0 时，另一批量的 Q_i 又同时到达仓库。

同时，还有如下假设：

(1)补货速度无穷大且补货提前期为 0。

(2)不允许缺货。

(3)对生鲜农产品进行保鲜或将增加能源消耗，或需额外的技术投资及额外的劳动力成本，所以保鲜将增加库存成本。保鲜成本记为 PC。

(4)基于细菌增长实验的研究，假设交叉易腐性矩阵[$\boldsymbol{\beta}$]的值与库存水平无关。

6.2.3 模型

在基本模型里，首先考虑只有一种生鲜农产品库存的情境。库存水平变化如图 6.2 所示。

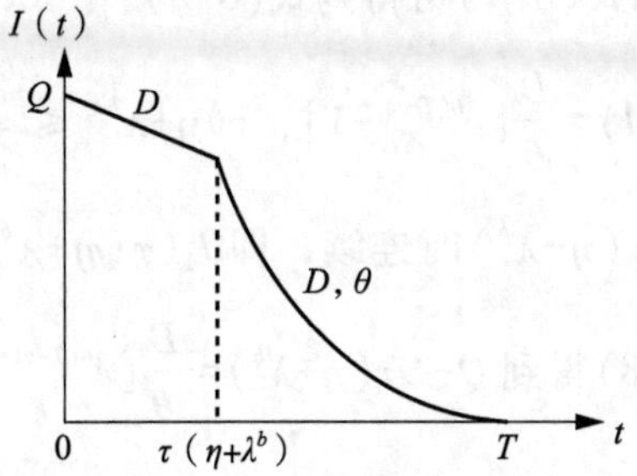

图 6.2　库存水平变化图

单个产品的保鲜期为:

$$\bar{\tau}=\tau(\eta+\lambda^{b}) \tag{6-2}$$

在时间间隔$[0,\tau(\eta+\lambda^{b})]$中，这种生鲜农产品 100%保鲜(不发生变质，质量状况同刚入库时)，并且库存量的减少仅仅源于固定的需求率，则可以得到下面带有边界条件的微分方程:

$$\frac{\mathrm{d}I_1(t)}{\mathrm{d}t}=-D,\ 0\leqslant t\leqslant\tau(\eta+\lambda^{b}) \tag{6-3}$$

$$I_1(0)=Q,\ t=0 \tag{6-4}$$

式中，$I_1(t)$为时期$[0,\tau(\eta+\lambda^{b})]$时的库存水平。

求解式(6-3)和式(6-4)可得到式(6-5):

$$I_1(t)=Q-Dt,\ 0\leqslant t\leqslant\tau(\eta+\lambda^{b}) \tag{6-5}$$

过了保鲜期后，生鲜农产品开始变质，在$\tau(\eta+\lambda^{b})\leqslant t\leqslant T$时，库存量的减少不仅受需求的影响，还受变质损耗的影响。带有边界条件的微分方程:

$$\frac{\mathrm{d}I_2(t)}{\mathrm{d}t}=-\theta I_2(t)-D,\ \tau(\eta+\lambda^{b})\leqslant t\leqslant T \tag{6-6}$$

$$I_2(T)=0,\ t=T \tag{6-7}$$

式中，$I_2(t)$是$[\tau(\eta+\lambda^{b}),T]$时的库存水平。

求解式(6-6)和式(6-7)可得到式(6-8)：

$$I_2(t)=\frac{D}{\theta}\left[e^{\theta(T-t)}-1\right],\ \tau(\eta+\lambda^b)\leqslant t\leqslant T \tag{6-8}$$

因为 $I(t)$ 在 $t=\tau(\eta+\lambda^b)$ 时连续，即 $I_1(\tau(\eta+\lambda^b))=I_2(\tau(\eta+\lambda^b))$，由式(6-5)和式(6-8)得到 $Q-D\tau(\eta+\lambda^b)=\frac{D}{\theta}\left[e^{\theta(T-\tau(\eta+\lambda^b))}-1\right]$，可得到每个订货周期的订货批量为：

$$Q=D\tau(\eta+\lambda^b)+\frac{D}{\theta}\left[e^{\theta(T-\tau(\eta+\lambda^b))}-1\right] \tag{6-9}$$

将式(6-9)代入式(6-5)中，可以得到整个库存周期的库存水平函数为：

$$I(t)=\begin{cases}D\tau(\eta+\lambda^b)+\frac{D}{\theta}\left[e^{\theta(T-\tau(\eta+\lambda^b))}-1\right]-Dt, t\in\left[0,\tau(\eta+\lambda^b)\right] \\ \frac{D}{\theta}\left[e^{\theta(T-t)}-1\right], t\in\left[\tau(\eta+\lambda^b),T\right]\end{cases} \tag{6-10}$$

6.2.4 成本结构

在基本模型里考虑只有一种生鲜农产品库存的情境，因此模型中可以略去产品指标 i。总成本由四个部分构成：固定的订货成本(A)、库存持有成本(HC)、保鲜成本(PC)、变质成本(DC)。其中保鲜成本(PC)可以分成两部分：固定的保鲜成本(FPC)和边际保鲜成本(MPC)。固定的订货成本 A 是一个固定的常数，k 是与边际保鲜成本相关的影响规模系数。虽然固定的保鲜成本也直接与保鲜努力程度 λ 有关，但为了不使模型更复杂，令 FPC 近似等于 0，即假设设备等保鲜方面的固定初始投资将有效维持很长一段时间。成本相关符号见表 6.2。

表 6.2　成本相关符号

成　本	符号	主要描述
固定订货成本(Ordering Cost)	A	常数
库存持有成本(Holding Cost)	HC	$\mathrm{HC}=h\left(\int_0^{\tau(\eta+\lambda^b)} I_1(t)\mathrm{d}t+\int_{\tau(\eta+\lambda^b)}^{T} I_2(t)\mathrm{d}t\right)$
固定保鲜成本(Fixed Preservation Cost)	FPC	$\mathrm{FPC}\approx 0$
边际保鲜成本(Marginal Preservation Cost)	MPC	$\mathrm{MPC}=\bar{h}\lambda^k\int_0^{\tau(\eta+\lambda^b)} I_1(t)\mathrm{d}t$
保鲜成本(Total Preservation Cost)	PC	$\mathrm{PC}=\mathrm{FPC}+\mathrm{MPC}$
变质成本(Deterioration Cost)	DC	$\mathrm{DC}=c\int_{\tau(\eta+\lambda^b)}^{T}\theta I_2(t)\mathrm{d}t$
平均总成本(Average Total Cost)	TC	$\mathrm{TC}(\lambda,\ T)=\dfrac{A+\mathrm{HC}+\mathrm{PC}+\mathrm{DC}}{T}$

则单位总成本表示为:

$$\mathrm{TC}(\lambda,T)=\frac{A+\mathrm{HC}+\mathrm{PC}+\mathrm{DC}}{T} \tag{6-11}$$

$$=\frac{1}{T}\left[A+(h+\bar{h}\lambda^k)\int_0^{\tau(\eta+\lambda^b)} I_1(t)\mathrm{d}t+(h+c\theta)\int_{\tau(\eta+\lambda^b)}^{T} I_2(t)\mathrm{d}t\right]$$

最小化单位总成本式(6-11)的必要条件为式(6-12)和式(6-13)成立:

$$\frac{\partial \mathrm{TC}(\lambda,T)}{\partial\lambda}=\frac{1}{T}\left[\frac{Db\lambda^{b-1}\tau(1-e^{\theta(T-\tau(\eta+\lambda{}^\wedge b))})(h+c\theta)}{\theta}\right. \tag{6-12}$$

$$+(h+\bar{h}\lambda^k)Db\lambda^{b-1}\tau(e^{\theta(T-\tau(\eta+\lambda^b))}-1)\left(\frac{1}{\theta}-\tau(\eta+\lambda^b)\right)$$

$$\left.+k\bar{h}\lambda^{k-1}D\tau(\eta+\lambda^b)\left(\frac{\tau(\eta+\lambda^b)}{2}+\frac{(e^{\theta(T-\tau(\eta+\lambda{}^\wedge b))}-1)}{\theta}\right)\right]$$

$$=0$$

$$
\begin{aligned}
\frac{\partial \mathrm{TC}(\lambda, T)}{\partial T} = & \frac{D\tau e^{\theta(T-\tau(\eta+\lambda^b))}(h+\bar{h}\lambda^k)(\eta+\lambda^b)}{T} - \frac{D(1-e^{\theta(T-\tau(\eta+\lambda^b))})(h+c\theta)}{\theta T} \\
& - \frac{A}{T^2} - \frac{h+c\theta}{T^2}\left[\frac{-D(T-\tau(\eta+\lambda^b))}{\theta} - \frac{D(e^{\theta(T-\tau(\eta+\lambda^b))}-1)}{\theta^2}\right] \\
& + \frac{h+\bar{h}\lambda^k}{T^2}\left[\frac{D\tau^2(\eta+\lambda^b)^2}{2} + \frac{D\tau(e^{\theta(T-\tau(\eta+\lambda^b))}-1)(\eta+\lambda^b)}{\theta}\right] \\
= & 0
\end{aligned}
\tag{6-13}
$$

定理 6.1 当 $e^{\theta\tau\eta} \geqslant \dfrac{D\tau h\eta + \dfrac{D(h+c\theta)}{\theta}}{\theta A + \dfrac{D(h+c\theta)}{\theta} - \dfrac{D\theta\tau^2 h\eta^2}{2}}$ 时，最优的订货周期 T^* 存在且唯一：

$$
T^* = \frac{W\left[e^{1+\theta\tau(\eta+\lambda^b)+\ln\frac{\theta A+\frac{D(h+c\theta)}{\theta}-\frac{D\theta\tau^2(h+\bar{h}\lambda^k)(\eta+\lambda^b)^2}{2}}{D\tau(h+\bar{h}\lambda^k)(\eta+\lambda^b)+\frac{D(h+c\theta)}{\theta}}}\right]-1}{\theta}
$$

且 T 的下界为：

$$
\frac{W\left[e^{1+\theta\tau\eta+\ln\frac{\theta A+\frac{D(h+c\theta)}{\theta}-\frac{D\theta\tau^2 h\eta^2}{2}}{D\tau h\eta+\frac{D(h+c\theta)}{\theta}}}\right]-1}{\theta}
$$

T 的上界为：

$$
\frac{W\left[e^{1+\theta\tau(\eta+1)+\ln\frac{\theta A+\frac{D(h+c\theta)}{\theta}-\frac{D\theta\tau^2(h+\bar{h})(\eta+1)^2}{2}}{D\tau(h+\bar{h})(\eta+1)+\frac{D(h+c\theta)}{\theta}}}\right]-1}{\theta}
$$

式中，$W(\cdot)$ 是 Lambert-W 函数。

证明： 对式(6-13)的两边同乘以 T^2 可得到：

$$
Te^{\theta(T-\tau(\eta+\lambda^b))}D\tau(h+\bar{h}\lambda^k)(\eta+\lambda^b) + Te^{\theta(T-\tau(\eta+\lambda^b))}\frac{D(h+c\theta)}{\theta} -
$$

$$T\frac{D(h+c\theta)}{\theta}-A+T\frac{D(h+c\theta)}{\theta}+\frac{D\tau(h+\bar{h}\lambda^{k})(\eta+\lambda^{b})}{\theta}+\frac{D\tau^{2}(h+\bar{h}\lambda^{k})(\eta+\lambda^{b})^{2}}{2}+$$
$$\frac{D(h+c\theta)}{\theta^{2}}(e^{\theta(T-\tau(\eta+\lambda^{b}))}-1)+\frac{D\tau(h+\bar{h}\lambda^{k})(\eta+\lambda^{b})}{\theta}(e^{\theta(T-\tau(\eta+\lambda^{b}))}-1)=0 \tag{6-14}$$

将式(6-14)进行化简，可得到式(6-15)和式(6-16)。

$$(\theta T+1)e^{\theta(T-\tau(\eta+\lambda^{b}))}=\frac{\theta A+\frac{D(h+c\theta)}{\theta}-\frac{D\theta\tau^{2}(h+\bar{h}\lambda^{k})(\eta+\lambda^{b})^{2}}{2}}{D\tau(h+\bar{h}\lambda^{k})(\eta+\lambda^{b})+\frac{D(h+c\theta)}{\theta}} \tag{6-15}$$

$$\ln(\theta T+1)+\theta T=\theta\tau(\eta+\lambda^{b})+\ln\frac{\theta A+\frac{D(h+c\theta)}{\theta}-\frac{D\theta\tau^{2}(h+\bar{h}\lambda^{k})(\eta+\lambda^{b})^{2}}{2}}{D\tau(h+\bar{h}\lambda^{k})(\eta+\lambda^{b})+\frac{D(h+c\theta)}{\theta}} \tag{6-16}$$

将式(6-16)右边含有 λ 的部分记为 RHS(right-hand-side)，将左边含有 T 的部分记为 LHS(left-hand-side)。可以看到，只要 λ 的值固定，则 T 的最优值可以由式(6-16)确定。

计算 $\ln(\theta T+1)+\theta T$ 对 T 的导数，发现式(6-16)中 LHS 从 0 到∞单调递增，说明 T^{*} 的解唯一，当且仅当式(6-16)的 RHS 为正。此时有：

$$T^{*}=\frac{W\left[e^{1+\theta\tau(\eta+\lambda^{b})+\ln\frac{\theta A+\frac{D(h+c\theta)}{\theta}-\frac{D\theta\tau^{2}(h+\bar{h}\lambda^{k})(\eta+\lambda^{b})^{2}}{2}}{D\tau(h+\bar{h}\lambda^{k})(\eta+\lambda^{b})+\frac{D(h+c\theta)}{\theta}}}\right]-1}{\theta} \tag{6-17}$$

进一步观察式(6-16)中的 RHS，因为 $0\leqslant\lambda\leqslant1$，$(h+\bar{h}\lambda^{k})$ 和 $(\eta+\lambda^{b})$ 随 λ 单调递增，所以式(6-16)中的 RHS 也随 λ 单调递增。因此，式(6-16)中的 RHS 的下界为：

$$\theta\tau\eta+\ln\frac{\theta A+\frac{D(h+c\theta)}{\theta}-\frac{D\theta\tau^2h\eta^2}{2}}{D\tau h\eta+\frac{D(h+c\theta)}{\theta}}$$

上界为:

$$\theta\tau(\eta+1)+\ln\frac{\theta A+\frac{D(h+c\theta)}{\theta}-\frac{D\theta\tau^2(h+\bar{h})(\eta+1)^2}{2}}{D\tau(h+\bar{h})(\eta+1)+\frac{D(h+c\theta)}{\theta}}$$

则，如果 $e^{\theta\tau\eta}\geqslant\frac{D\tau h\eta+\frac{D(h+c\theta)}{\theta}}{\theta A+\frac{D(h+c\theta)}{\theta}-\frac{D\theta\tau^2h\eta^2}{2}}$，式(6-16)的 RHS 始终为正，这意味着对于任意 $0\leqslant\lambda\leqslant1$，$T$ 有唯一最优解，并且 T 的边界为：

$$\frac{W\left[e^{1+\theta\tau\eta+\ln\frac{\theta A+\frac{D(h+c\theta)}{\theta}-\frac{D\theta\tau^2h\eta^2}{2}}{D\tau h\eta+\frac{D(h+c\theta)}{\theta}}}\right]-1}{\theta}\leqslant T\leqslant\frac{W\left[e^{1+\theta\tau(\eta+1)+\ln\frac{\theta A+\frac{D(h+c\theta)}{\theta}-\frac{D\theta\tau^2(h+\bar{h})(\eta+1)^2}{2}}{D\tau(h+\bar{h})(\eta+1)+\frac{D(h+c\theta)}{\theta}}}\right]-1}{\theta}\tag{6-18}$$

式中，$W(\cdot)$是 Lambert-W 函数。

[证毕]

当多种生鲜农产品混合库存考虑交叉易腐性的影响时，上述非线性模型的计算会更加复杂，其最优解也会非常难以求解。但虽然最优的决策解不能够直接由式(6-12)和式(6-13)解出，但定理 6.1 中关于 T 的上界和下界的信息可以帮助我们通过搜寻算法快速收敛找到可行的最优解。

6.3 交叉易腐性影响下的混合库存模型

在实际的库存管理中，不同种类的生鲜农产品常常存储和摆放在同一库存空间中，如存放于同一个集装箱，同一个零售货架，同一个冷柜或同一个托盘中，它们的库存环境相同。各种生鲜农产品即使在同一种库存环境中，其保鲜期和变质特性也并不相同。正如前面 6.2.1 中介绍的，多种生鲜农产品共同存储和摆放时，由于生物化学特性会表现出明显的交叉易腐性，从而影响各种生鲜农产品的保鲜期进而影响库存决策。

假设有 n 种不同种类的生鲜农产品共同存放，设每种生鲜农产品的最初的保鲜期为$\tau_i\boldsymbol{\eta}_i$，其中 $i=1,2,\cdots,n$。在保鲜努力和交叉易腐性的共同影响下，第 i 种生鲜农产品的保鲜期如式(6-1)，为 $\tau_i\left(\boldsymbol{\eta}_i+\sum_{j\neq i}\boldsymbol{\beta}_{ij}+\boldsymbol{\lambda}^{b_i}\right)$。综合考虑保鲜努力和多种生鲜农产品混合库存时的质量特性，进行以库存成本最优化为考量的库存管理决策时，总成本可以写为：

$$\mathrm{TC}_n=\sum_1^n\frac{(A_i+\mathrm{HC}_i+\mathrm{PC}_i+\mathrm{DC}_i)}{T_i}$$

$$=\sum_1^n\frac{1}{T_i}\left[\begin{array}{l}A_i+(h_i+\overline{h_i}\boldsymbol{\lambda}^{k_i})\int_0^{\tau_i(\eta_i+\sum_{j\neq i}\boldsymbol{\beta}_{ij}+\boldsymbol{\lambda}^{b_i})}I_{i1}(t)\,\mathrm{d}t+(h_i+c_i\boldsymbol{\theta}_i)\\ \int_{\tau_i(\eta_i+\sum_{j\neq i}\boldsymbol{\beta}_{ij}+\boldsymbol{\lambda}^{b_i})}^{T_i}I_{i2}(t)\,\mathrm{d}t\end{array}\right] \tag{6-19}$$

基于式(6-19)，同样可以求 TC_n 关于参数 $\boldsymbol{\lambda}$ 和 T_i 的偏导数，并可以通过有效的搜索算法(基于定理 6.1)找到令总成本最优化的最优解 $(\boldsymbol{\lambda}^*,T_i^*)$。在多种生鲜农产品混合库存时，最优的保鲜努力程度 $\boldsymbol{\lambda}^*$ 只有一个，这个最优保鲜因子决定了不同生鲜农产品部分的保鲜期，而不同的生鲜农产品的最优订货周期各不相同。虽然从之前的定理 6.1 中知道，可以较为容易地得到单种生鲜农产品的最优库存决策，但在多种生鲜农产品混合库存的复杂环境中，交叉易腐性的存在使问题更为复杂，

更难以求解。

因此，首先考虑一种简单的混合库存情境。假设只有两种生鲜农产品共同存放，产品 2 对产品 1 有交叉易腐性的影响，即有 $\boldsymbol{\beta}=\boldsymbol{\beta}_{12}$，其中 $\boldsymbol{\beta}$ 的取值范围为[-1,1]中的任意值。为了简化，当 $0\leqslant\boldsymbol{\beta}\leqslant 1$ 时记为 $\boldsymbol{\beta}_{positive}$，当 $-1\leqslant\boldsymbol{\beta}\leqslant 0$ 时记为 $\boldsymbol{\beta}_{negetive}$。两种生鲜农产品共同存放时的库存成本为：

$$
\begin{aligned}
\mathrm{TC} &= \frac{(A_1+\mathrm{HC}_1+\mathrm{PC}_1+\mathrm{DC}_1)}{T_1}+\frac{(A_2+\mathrm{HC}_2+\mathrm{PC}_2+\mathrm{DC}_2)}{T_2} \\
&= \frac{1}{T_1}\left[A_1+(h_1+\overline{h_1}\boldsymbol{\lambda}^{k_1})\int_0^{\tau_1(\eta_1+\boldsymbol{\beta}+\lambda^{b_1})} I_{11}(t)\,\mathrm{d}t+(h_1+c_1\theta_1)\int_{\tau_1(\eta_1+\boldsymbol{\beta}+\lambda^{b_1})}^{T_1} I_{12}(t)\,\mathrm{d}t\right] \\
&\quad +\frac{1}{T_2}\left[A_2+(h_2+\overline{h_2}\boldsymbol{\lambda}^{k_2})\int_0^{\tau_2(\eta_2+\lambda^{b_2})} I_{21}(t)\,\mathrm{d}t+(h_2+c_2\theta_2)\int_{\tau_2(\eta_2+\lambda^{b_2})}^{T_2} I_{22}(t)\,\mathrm{d}t\right]
\end{aligned}
\tag{6-20}
$$

当 $\boldsymbol{\beta}$ 在[-1,1]变化时，分别针对高库存持有成本和低库存持有成本这两种不同的情况，考虑交叉易腐性对保鲜努力程度、订货周期和库存成本的影响作图，如图 6.3 和图 6.4 所示。

图 6.3 和图 6.4 中，分析交叉易腐性 $\boldsymbol{\beta}$ 对保鲜努力程度 λ，两种产品的订货周期 T_1、T_2 和总成本 TC 的影响，得到如下四个命题。

命题 6.1 在负的交叉易腐性($\boldsymbol{\beta}_{negative}$)和高的持有成本 h 下(或正的交叉易腐性 $\boldsymbol{\beta}_{positive}$ 和低持有成本 h 下)，最优的保鲜努力程度 λ^* 是极小值。在负的交叉易腐性($\boldsymbol{\beta}_{negative}$)和低持有成本 h 下(或正的交叉易腐性 $\boldsymbol{\beta}_{positive}$ 和高持有成本 h 下)，最优的保鲜努力程度 λ^* 出现了一个上界。

【管理启示】 如图 6.3 和 6.4(a)所示，在 $\boldsymbol{\beta}_{negative}$ 时保鲜期缩短且变质数量增加。当生鲜农产品的变质成本较之库存持有成本较小时，从经济的角度看，不需要投资较多的保鲜努力进行保鲜；相反，当生鲜农

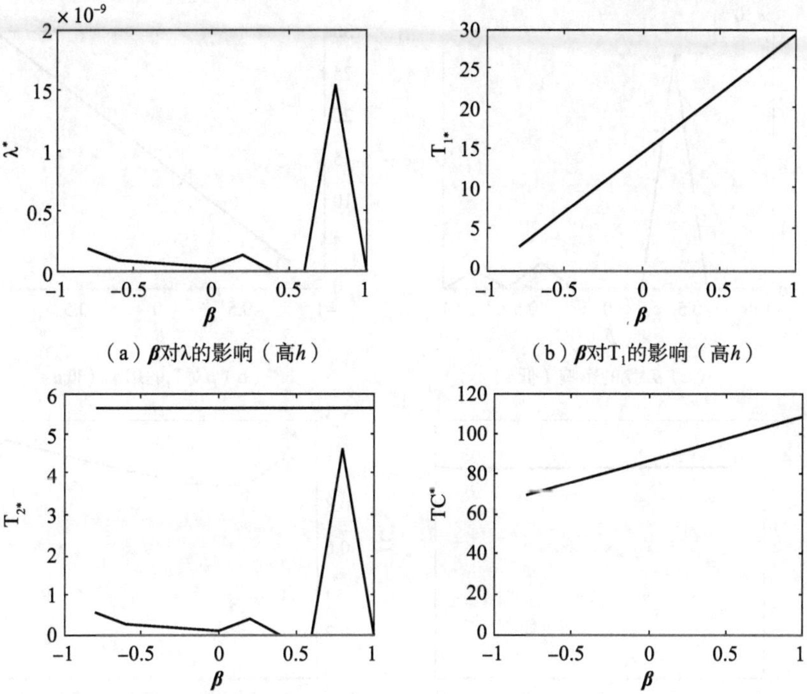

（a）β对λ的影响（高h）　（b）β对T_1的影响（高h）　（c）β对T_2的影响（高h）　（d）β对TC的影响（高h）

图 6.3　高持有成本 h 下 β 对 λ、T_1、T_2、TC 的影响

产品的变质成本较高时，投入较多的保鲜努力对生鲜农产品进行保鲜是合理的。存在最优保鲜努力程度 λ^* 的上界，所以看到图 6.3(a)的图形左边部分图像较低且比较平坦，而图 6.4(a)的左边部分陡峭且有一个峰值。在 $\boldsymbol{\beta}_{positive}$ 时的解释与之类似。

命题 6.2　库存周期 T 固定时，交叉易腐性 $\boldsymbol{\beta}$ 对产品 1(对乙烯等释放物敏感，保鲜期受到交叉易腐性影响的产品)的影响随 $\boldsymbol{\beta}$ 值的增加单调递增，对产品 2(只释放乙烯，但不受其影响)则无影响。

【管理启示】　从图 6.3 和图 6.4(b)、图 6.4(c)可以看到，随着 $\boldsymbol{\beta}$ 值的增加，交叉易腐性的影响增大，产品 1 的保鲜期变长，则生鲜农产品由于在货架上的停留时间更长，其最优库存周期被延长；对于散发乙

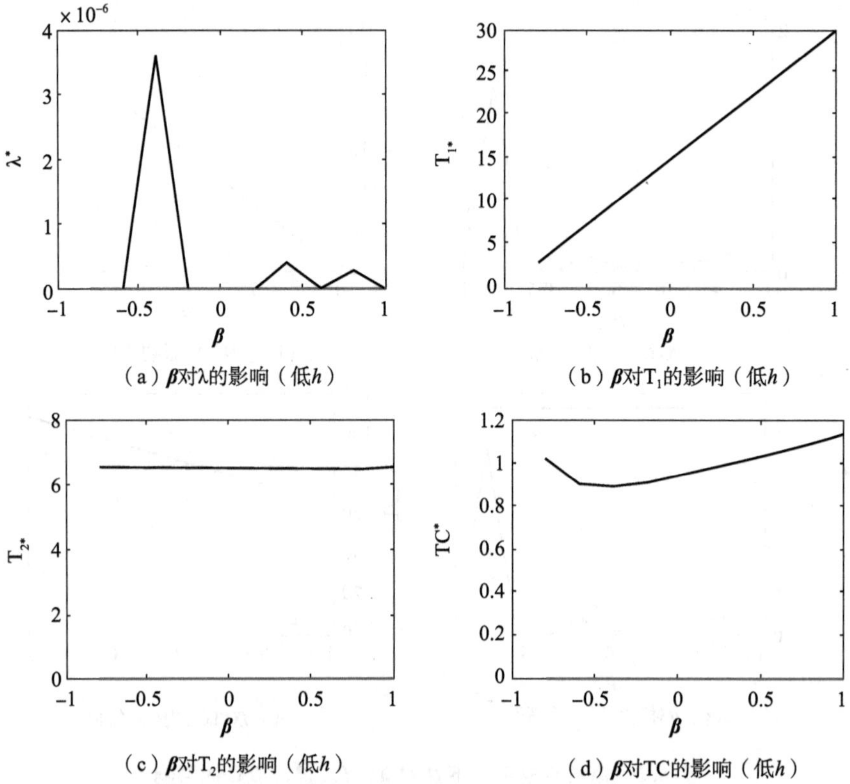

（a）β对λ的影响（低h）（b）β对T_1的影响（低h）

（c）β对T_2的影响（低h）（d）β对TC的影响（低h）

图 6.4　低持有成本 h 下 β 对 λ、T_1、T_2、TC 的影响

烯的产品 2 的库存周期没有任何影响。

命题 6.3　当库存持有成本和保鲜成本较高，而变质成本较低时，增大的交叉易腐性 β 同样会增加总成本 TC。

【管理启示】　如图 6.3(d)所示，当生鲜农产品的库存持有成本和保鲜成本较高，而变质成本较低时，增加的交叉易腐性 β 的影响将会提高总成本 TC。造成这种不直观的结果的原因在于正向的交叉易腐性影响延长了生鲜农产品的保鲜期，延长了农产品的货架期，在这种积极的效应影响下，当库存持有成本和保鲜成本较高时，总成本明显增加。

命题 6.4　当生鲜农产品的库存持有成本和保鲜成本较低，变质成本较高时，总成本存在一个下界。

【管理启示】　如图 6.4(d)所示，其管理含义与命题 6.3 的管理含义相似。当变质成本较高时，一开始随着 $\boldsymbol{\beta}$ 的增加，生鲜农产品的保鲜期被延长，较高的变质成本下保鲜期被延长创造了额外价值，总成本减少；直到下界点时，其创造的价值不能再抵销增加的库存和保鲜成本。

同时，分析生鲜农产品保鲜期的变化，可以得到以下三个定理。

定理 6.2　给定固定的 τ_i 和 b_i，λ 为常数时，当 η_i 增大时 $\overline{d_i}$ 增加。η_i 为常数时，当 λ 增大时 $\overline{d_i}$ 增加。

证明：由 $\overline{d_i}=\tau_i(\eta_i+\lambda^{b_i}-1)$ 容易证得。

[证毕]

显然，同一生鲜农产品具有同样的初始保鲜期和同样的描述该产品变质性质的保鲜系数，即第 i 种产品具有固定的 τ_i 和 b_i。当采用同样的保鲜努力时(λ 为常数)，产品越不新鲜，保鲜努力对保鲜期延长的影响越有限；越努力保鲜，同样新鲜度下的保鲜期越长。

不同的生鲜农产品的初始保鲜期和产品的保鲜系数(变质性质指标)不同，则相同保鲜努力程度对保鲜期的影响也不相同。比如，香蕉和苹果在同样的保鲜努力程度下，被延长的保鲜期是不一样的。一些产品的保鲜期对保鲜努力非常敏感，另一些产品则不是。b_i 越大，生鲜农产品对保鲜努力越不敏感，甚至当 $b_i \to +\infty$ 时，有 $\lambda^{b_i} \to 0$。这意味着在这种情况下，该生鲜农产品对保鲜努力非常不敏感，无论采取什么措施进行保鲜均无法延长该产品的保鲜期。

定理 6.3　当 b_i 增加且 $\lambda \neq 1$ 时，保鲜对保鲜期的影响接近 0。

证明：当 $b_i \to +\infty$ 或 b_i 足够大时，只要 $\lambda \neq 1$，均有结论：保鲜努力对保鲜期的影响 λ^{b_i} 接近 0。因为 λ 的取值范围是 $0 \leqslant \lambda \leqslant 1$，当 $\lambda=1(0)$

时，对所有的 b_i 都成立。有 $\lambda^{b_i}=1(0)$。这里只考虑 $\lambda<1$ 的情况，在这种情况下，当 $b_i\to+\infty$ 时，λ^{b_i}将接近 0。由$\overline{d'_i}=\tau_i\left(\eta_i+\sum_{j\neq i}\boldsymbol{\beta}_{ij}+\lambda^{b_i}\right)-\tau_i$，可以得到$\overline{d'_i}\to\tau_i\left(\eta_i+\sum_{j\neq i}\boldsymbol{\beta}_{ij}\right)-\tau_i$，其中消去了保鲜努力程度对保鲜期的影响系数。

[证毕]

定理 6.3 描述了这样一种特殊的情境：当与可控保鲜因素有关的描述该生鲜农产品变质特性的保鲜系数极大时，保鲜努力程度 λ 的取值只能为 1 或 0。即在该种情况下，零售商要么尽最大努力进行保鲜，要么什么保鲜措施都不用，否则任何的保鲜努力都是无用的。

引理 6.1　考查交叉易腐性的影响时，生鲜农产品保鲜期的变化在于系数 $\eta_i+\sum_{j\neq i}\boldsymbol{\beta}_{ij}+\lambda^{b_i}-1$。当该系数分别大于、小于、等于 0 时，第 i 种生鲜农产品的保鲜期分别被延长、缩短和无变化。

证明：由$\overline{d'_i}=\tau_i\left(\eta_i+\sum_{j\neq i}\boldsymbol{\beta}_{ij}+\lambda^{b_i}\right)-\tau_i=\tau_i\left(\eta_i+\sum_{j\neq i}\boldsymbol{\beta}_{ij}+\lambda^{b_i}-1\right)$，可以得到保鲜期的改变系数为$\frac{\overline{d'_i}}{\tau_i}=\eta_i+\sum_{j\neq i}\boldsymbol{\beta}_{ij}+\lambda^{b_i}-1$，保鲜期是否发生变化且如何变化，则在于该系数的变化。

[证毕]

该系数可以简化保鲜努力程度和交叉易腐性对保鲜期影响的分析，并且在数据分析中可以作为一个重要的指标。当其他生鲜农产品对第 i 种产品的交叉易腐性指标 $\sum_{j\neq i}\boldsymbol{\beta}_{ij}=0$ 时，保鲜期变化的表达式和单种生鲜农产品库存时的表达式相同。当 $\sum_{j\neq i}\boldsymbol{\beta}_{ij}\neq 0$ 时，有下面的定理 6.4。

定理 6.4　当 $\eta_i=1$ 时，若 $\sum_{j\neq i}\boldsymbol{\beta}_{ij}>0$，则第 i 种产品的保鲜期被

延长。

证明：由保鲜期的改变系数 $\boldsymbol{\eta}_i + \sum_{j \neq i} \boldsymbol{\beta}_{ij} + \boldsymbol{\lambda}^{b_i} - 1$，当 $\boldsymbol{\eta}_i = 1$ 时，保鲜期的改变系数将变为 $\sum_{j \neq i} \boldsymbol{\beta}_{ij} + \boldsymbol{\lambda}^{b_i}$，其中 $\boldsymbol{\lambda}^{b_i}$ 始终非负，则只要 $\sum_{j \neq i} \boldsymbol{\beta}_{ij} > 0$，保鲜期的改变系数就一定为正，由引理 6.1 知，该产品的保鲜期一定被延长。

[证毕]

定理 6.4 说明了新鲜程度对保鲜期的影响。当生鲜农产品不够新鲜时，即使交叉易腐性对该产品保鲜期有正向的影响 $\left(\sum_{j \neq i} \boldsymbol{\beta}_{ij} > 0\right)$，综合保鲜努力和交叉易腐性的共同影响后，该生鲜农产品的保鲜期也可能不会被延长。进一步，$\sum_{j \neq i} \boldsymbol{\beta}_{ij} < 0$ 同样也不是第 i 种生鲜农产品保鲜期缩短的必要条件。

6.4　数值分析和管理启示

在下面的部分中，为更复杂的两种以上生鲜农产品混合库存问题提出一种遗传算法（genetic algorithm，GA），并进行多个数值分析，提出该模型相应的管理启示。

6.4.1　带有边界条件的遗传算法

本节提出一种遗传算法来解决多种生鲜农产品混合库存时交叉易腐性影响下的库存问题。虽然其他搜索算法也可以用来解决所提出的问题，如嵌入在 Matlab 求解函数中的快速 Newton-Raphson 局部搜索方法等，但这些方法的缺点在于，解取决于起始搜索点以及边界条件的恰当选择。遗传算法可以模拟生物体的进化机制，采用如变异、交叉和选择等遗传操作，为非线性优化问题生成高质量的解。但尽管遗传算法在全局优化方面为问题提供了更可靠的结果，但它进行局部搜索时并不能像牛顿方法那样快速。

将定理 6. 1 中找到的上界和下界作为遗传算法搜索的约束条件。

(1) T 的下界条件为：

$$T \geqslant \frac{W\left[e^{1+\theta\tau\eta+\ln\frac{\theta A+\frac{D(h+c\theta)}{\theta}-\frac{D\theta\tau^2 h\eta^2}{2}}{D\tau h\eta+\frac{D(h+c\theta)}{\theta}}}\right]-1}{\theta}$$

(2) λ 的下界条件为 $\lambda \geqslant 0$。

(3) T 的上界条件为：

$$T \leqslant \frac{W\left[e^{1+\theta\tau(\eta+1)+\ln\frac{\theta A+\frac{D(h+c\theta)}{\theta}-\frac{D\theta\tau^2(h+\bar{h})(\eta+1)^2}{2}}{D\tau(h+\bar{h})(\eta+1)+\frac{D(h+c\theta)}{\theta}}}\right]-1}{\theta}$$

(4) λ 的上界条件为 $\lambda \leqslant 1$。

非线性优化问题中解的约束条件可以极大地减少遗传算法的搜索时间（Michalewica and Schoenauer，1996）。在遗传算法中整合约束条件的常用方法是在目标函数中引入一个惩罚函数，当不满足约束条件时将受到惩罚，即要在惩罚函数的约束下找到目标达到最优的解，将具有较好适应值的个体选择出来。这种方法使最优解的寻找向约束下的可行集方向移动。惩罚函数可以是静态的，也可以是自适应的。一个将约束条件作为惩罚参数（Coello，2002）的标准的启发式遗传算法要遵从下列步骤。

(1) 确定群体规模及遗传操作的代数。搜寻从随机生成的初始种群 λ，$T_i, i=1,2,\cdots,n$，开始，其中 n 是目标函数的种群规模，设初始代数 $N=1$。

(2) 在约束条件附近的任一侧为约束选择适当的参考，以平衡违规。

(3) 基于 λ, T 的约束违规程度，设置惩罚参数 R。

(4) 构造函数 $F(\lambda, T, R) = f(\lambda, T) + p(\lambda, T, R)$，找到最小化该无约束函数的向量 λ^*, T^*。

(5) 检验点 λ^*, T^* 是否满足所有约束条件，如果 λ^* 和 T^* 是可行的，并且在过去 50 代中该点对应的最佳结果(成本)没有改善(变得更小)，则终止搜索过程。否则，转到步骤(3)。

基于以上算法，在接下来的数值分析中指定 λ 和 T 的边界条件，并从 matlab 2016b 中调用遗传算法函数。当然，在未来的算法研究中可以改进，并得到更好的计算方法。

6.4.2　单种生鲜农产品库存问题的数值分析

由于从模型很难直接解析得到 T 和 λ 的解，这里利用搜索算法来寻找总成本函数最小化的全局最优的数值解(λ^*, T^*)。初始点设置为(0, 0)。在数值分析中，考虑四种不同的生鲜农产品单独库存的情况，具体参数见表 6.3。

表 6.3　参数变量

	c	$\bar{h}$	τ	b	η	θ
a	0.05	0.57	1.51	0.76	1	1
b	0.16	0.96	1.09	1.92	1	1
c	0.01	0.3	2.5	0.1	1	1
d	0.01	0.2	4.5	0.5	1	1

基于总成本的表达式，最优解 λ^* 和 T^* 的值依赖于不同的参数取值。具体而言，不同特征的参数值会产生不同的总成本曲线，进而影

响最优决策结果。基于这一点，可以根据产品的特点对生鲜农产品分类进行研究，如高成本或低成本，高 b 值或低 b 值等。因此，在接下来的分析中，考虑四种类型的参数组合，来研究总成本函数可能的形状。

设 λ 从 0 到 1 均匀分布，步长为 0.02。$[c \quad \bar{h} \quad \tau \quad b \quad \eta \quad \tau \quad \theta]$ 的具体取值见表 6.3，代表四种不同种类的生鲜农产品，因此，对于特定的参数组合，可以计算出它的总成本 TC，如图 6.5 和图 6.6 所示，最优的数值解如图 6.7 所示。

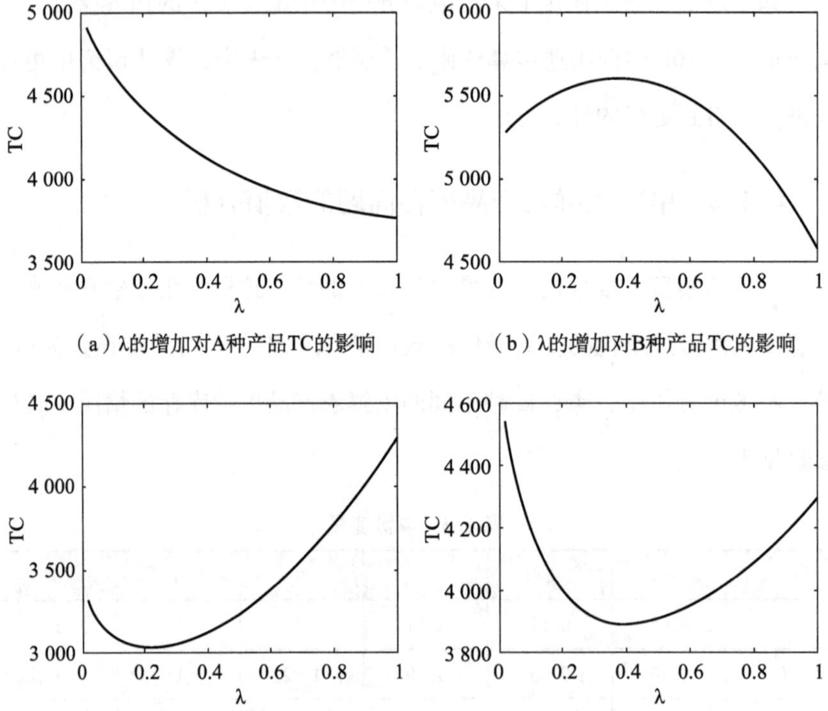

（a）λ的增加对A种产品TC的影响　（b）λ的增加对B种产品TC的影响

（c）λ的增加对C种产品TC的影响　（d）λ的增加对D种产品TC的影响

图 6.5　λ 的增加对 TC 的影响

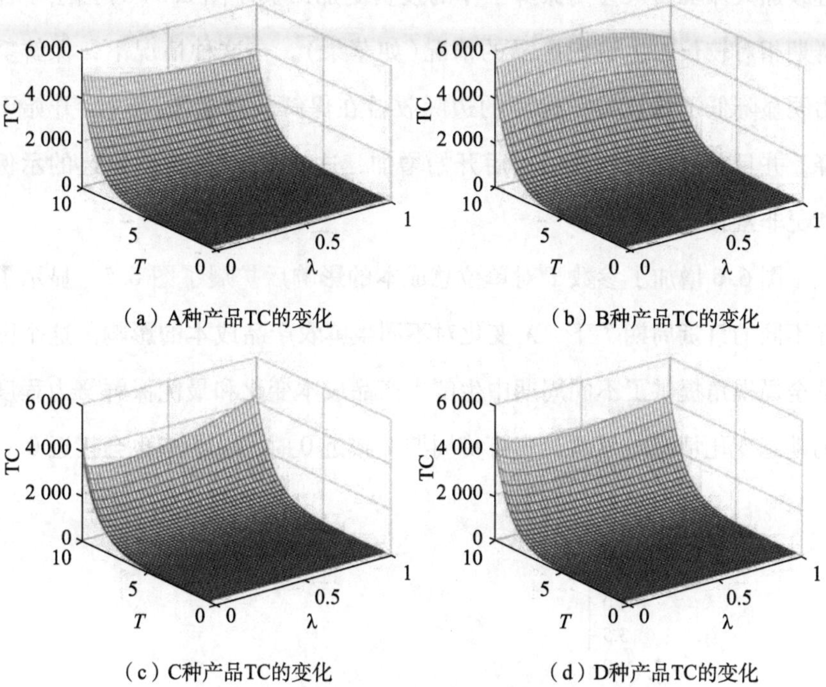

（a）A种产品TC的变化　　（b）B种产品TC的变化

（c）C种产品TC的变化　　（d）D种产品TC的变化

图 6.6　总成本 TC 关于 T 和 λ 的变化

图 6.5(a)中，*A* 种产品以樱桃为例，樱桃这种生鲜农产品的变质成本较高而原始的保鲜期相对较短。因为延长保鲜期的边际收益很高，所以保鲜努力可以显著降低总成本。图 6.5(b)中展示了另一种情况，其中保鲜努力的初始投资不会显著优化总成本，直到达到一定的保鲜努力程度后，随着保鲜努力程度的增加总成本才会降低。换句话说，对于这类生鲜产品(以龙虾为例)，仅仅将它们保存于冷冻柜中无助于零售商降低成本，应再增加对保鲜水平的投入，如存储龙虾更好的选择或许是在容器中保留海水和用氧气养殖存放。6.5(c)和 6.5(d)非常相似。6.5(c)显示了原始保鲜时间较短的产品类型(如香蕉)的成本动态。这种生鲜农产品类型在最初的保鲜努力之后，大多数保鲜方法对再延长这种极易腐烂变质产品的保鲜期的效果很有限。在初始的保鲜阶段之后，

继续加大保鲜投入会使保鲜工作的投资更加昂贵。图 6.5(d)描绘了保鲜期相对较长的生鲜农产品的情况(如苹果)。在这种情况下，保鲜努力明显降低了总成本。保鲜的边际收益在保鲜的初始阶段过后开始下降，并且总成本将在某一点后开始增加，这与图 6.5(c)中所述的示例情况非常相似。

图 6.6 增加了参数 T 对单位总成本的影响后扩展了图 6.5。显示了在不同的订货周期 T 下，λ 变化对不同生鲜农产品成本的影响。这个图从全局视角提供了不同周期中生鲜农产品成本变化和最优保鲜努力程度的动态变化情况。显然，当订货周期 T 接近 0 时，总成本也会接近 0。

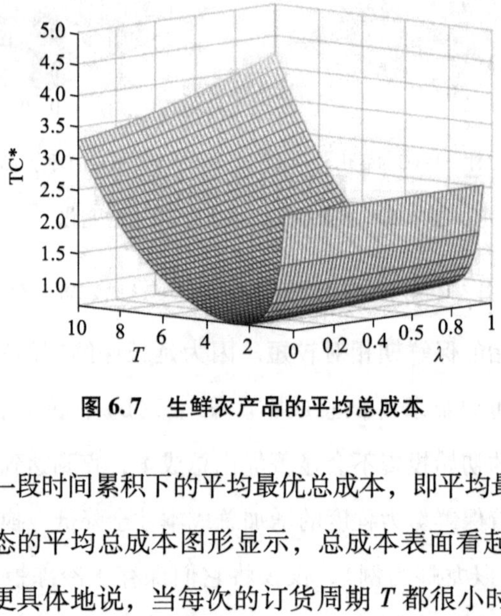

图 6.7　生鲜农产品的平均总成本

图 6.7 为一段时间累积下的平均最优总成本，即平均最优总成本。考查长期订货状态的平均总成本图形显示，总成本表面看起来像是双曲柱体的一部分。更具体地说，当每次的订货周期 T 都很小时，零售商必须更频繁地订购生鲜农产品以满足市场需求，这就导致长期的总成本总额较高。当每次的订货周期 T 较大时，累积的总成本并不高。这是因为虽然一次订货的成本较高，但零售商减少了订货的次数，使累积的总成本得以控制。

最后，考查最优解中 η 和 λ、T 的关系(即考查新鲜度对保鲜努力程度和订货周期的影响)。根据式(6-12)和式(6-13)，当所有其他参数确定后，可以得到(λ, T)的最优解。图6.8描述了参数 η 对 λ 和 T 值的影响，并且由图形的曲线看出生鲜农产品的新鲜程度越高，需要的保鲜努力程度越低，订货周期越长。

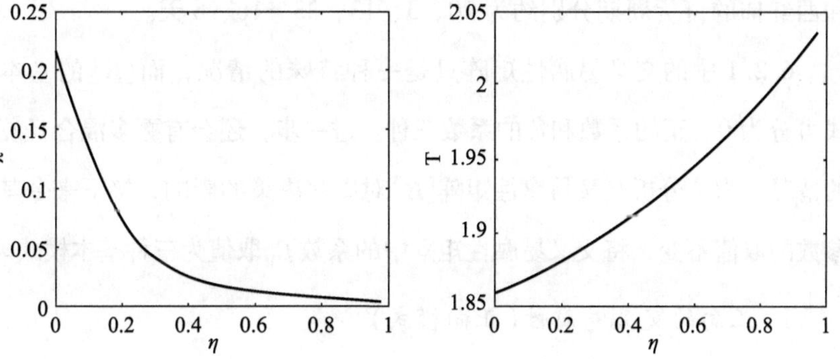

图6.8 η 增加对 λ 和 T 的影响

6.4.3 交叉易腐性影响的多种产品混合库存问题的数值分析

现在将上面的单种生鲜农产品数值的例子扩展到交叉易腐性影响下的多种生鲜农产品混合库存的情况。使用之前定义过的六种生鲜农产品的新鲜度 η_i 的取值，其他参数的取值见表6.4。

表6.4 其他参数的取值

参数	1	2	3	4	5	6
η	1	0.9	0.8	1	1	0.8
k	0.4	0.3	0.6	0.4	0.65	0.25
b	0.8	0.6	1.2	0.8	1.3	0.5
τ	15	5	21	25	12	10
θ	0.7	0.8	0.6	0.3	0.5	0.8
h	1	3	1	0.5	2	1.5
$\bar{h}$	2	3	1	0.3	0.1	0.8

基于 6.2.1 节中的例子，可以得到这六种生鲜农产品的数值解，即：

$$(\lambda, T_1, T_2, T_3, T_4, T_5, T_6)$$

$$= (1.23e^{-11}, 20.08, 3.21, 13.05, 22.99, 16.16, 6.28)$$

式中，λ 等于 $1.23e^{-11}$，香蕉、切片西瓜、苹果、胡萝卜、卷心菜和西红柿的订货周期分别约为 20、3、13、23、16、6 天。

6.2.1 中的交叉易腐性矩阵只是一种特殊的情况，而$[\boldsymbol{\beta}]$的基本模式可分为 0、正的系数和负的系数三种。进一步，还会有更多混合且复杂的情况。为了分析交叉易腐性矩阵$[\boldsymbol{\beta}]$对库存决策的影响，接下来令其他参数的取值不变，将交叉易腐性矩阵中的系数$\boldsymbol{\beta}_{ij}$取值为三种基本模式。

1. 正向的交叉易腐性（正向模式）

这里定义正的交叉易腐性矩阵，令$[\boldsymbol{\beta}]$矩阵中的所有元素均大于或等于 0，以下面的交叉易腐性矩阵为例进行计算：

$$[\boldsymbol{\beta}]_{positive} = \begin{bmatrix} 0 & 0.1 & 0.2 & 0 & 0.1 & 0 \\ 0 & 0 & 0 & 0.1 & 0 & 0 \\ 0.12 & 0.3 & 0 & 0 & 0.05 & 0 \\ 0 & 0 & 0 & 0 & 0 & 0 \\ 0.3 & 0 & 0.1 & 0 & 0 & 0.05 \\ 0 & 0.2 & 0.1 & 0 & 0 & 0 \end{bmatrix}$$

计算结果如下：

$$(\lambda, T_1, T_2, T_3, T_4, T_5, T_6)$$

$$= (3.65e^{-7}, 19.91, 4.22, 25.61, 23.33, 16.16, 10.24)$$

2. 负向的交叉易腐性（负向模式）

定义负的交叉易腐性矩阵，令$[\boldsymbol{\beta}]$中的所有元素均小于等于 0，以下面的交叉易腐性矩阵为例进行计算：

$$[\boldsymbol{\beta}]_{negative}=\begin{bmatrix} 0 & -0.1 & -0.2 & 0 & -0.1 & 0 \\ 0 & 0 & 0 & -0.1 & 0 & 0 \\ -0.12 & -0.3 & 0 & 0 & -0.05 & 0 \\ 0 & 0 & 0 & 0 & 0 & 0 \\ -0.3 & 0 & -0.1 & 0 & 0 & -0.05 \\ 0 & -0.2 & -0.1 & 0 & 0 & 0 \end{bmatrix}$$

计算结果如下：

$$(\lambda, T_1, T_2, T_3, T_4, T_5, T_6)$$
$$=(2.42e^{-13}, 8.17, 3.21, 6.03, 22.99, 5.55, 4.33)$$

3. 中性的交叉易腐性(中性模式)

如果交叉易腐性矩阵中的元素全部为 0，即$[\boldsymbol{\beta}]_{neutral}=[0]$，得到一个中性的情况。这时与没有交叉易腐性影响的单种生鲜农产品库存问题类似。

计算结果如下：

$$(\lambda, T_1, T_2, T_3, T_4, T_5, T_6)$$
$$=(1.61e^{-18}, 14.11, 3.70, 15.76, 22.99, 10.82, 7.26)$$

表 6.5 将上面三种数值例子的最优解进行了汇总，表 6.6 对各种交叉易腐性模式影响下的保鲜期和订货时间等保鲜效率的结果进行了比较。由表 6.5 可知，无论是正向的、负向的，还是混合模式的交叉易腐性影响，交叉易腐效应的存在都会加深最优保鲜努力程度。正向的交叉易腐性影响增加了所有六种生鲜农产品类型的保鲜期；相比之下，负向的交叉易腐性影响缩短了所有六种产品的保鲜期。一般来说，正向的交叉易腐性影响会提高保鲜率；负向的交叉易腐性影响会降低保鲜率，而

混合交叉易腐性影响下的保鲜期变化较为复杂。

表 6.5　数值例子中的最优解

参　数	中性模式	正向模式	负向模式	混合模式
λ^*	$1.61e^{-18}$	$3.65e^{-7}$	$2.42e^{-13}$	$1.23e^{-11}$
T_1^*	14	20	8	20
T_2^*	4	4	3	3
T_3^*	16	26	6	13
T_4^*	23	23	23	23
T_5^*	11	16	6	16
T_6^*	7	10	4	6

表 6.6　保鲜率效率比较

项　目	$r_\tau(\%)$			$r_T(\%)$		
	正向模式	负向模型	混合模式	正向模式	负向模式	混合模式
1	25.41	-25.41	25.41	41.11	-42.12	42.34
2	6.41	-6.41	-6.41	13.96	-13.31	-13.30
3	38.05	-38.05	-10.52	62.53	-61.74	-17.19
4	0	0	0	1.48	0	0
5	32	-32	32	49.39	-48.70	49.38
6	19.91	-19.91	-19.91	40.95	-40.37	-13.53

6.4.4　集成物联网数据分析的通用决策机制

本章测量生鲜农产品的新鲜度、零售商的保鲜努力及多种生鲜农产品之间的交叉易腐性影响的数据，均可通过物联网及相关传感技术的系统收集获得。本章通过物联网获得的这些数据对这种复杂的混合库存优化问题进行决策。下面给出了一个可用于优化交叉易腐库存管理的、通用的基于物联网的决策机制(如图 6.9)。生鲜农产品库存管理环境中交叉易腐性影响的具体模式可通过物联网和各种类型的传感器网络观察到(Piramuthu and Zhou，2016)。如数值例子所示，生鲜农产品之间的交叉易腐性体现在交叉易腐性矩阵[$\boldsymbol{\beta}$]中，而该矩阵中元素的具体数据反映了生鲜农产品两两之间的具体的影响关系，这些数据也将由物联网和传感器技术获得。作为库存决策的一部分，保鲜努力程度可通过许多不同的库存调节手段进行控制。

图6.9提供的是一个可以进一步研究交叉易腐性的自适应库存管理框架：物联网中的生鲜农产品库存是为了满足市场需求，并需要考虑生鲜农产品的变质率、新鲜度、保鲜期等质量因素的影响进行平衡供需的决策。RFID等传感技术在生鲜农产品供应链中的应用，使得通过传感器数据提炼获得有关生鲜农产品库存保鲜程度（如产品的新鲜度，与库存有关的温度、湿度、空气质量、水质等），以及交叉易腐性的相关内容成为可能。通过对供需结果的收益或成本的评价，以及对由传感器获得的相关数据的反复学习，基于变质产品库存、食品科学和供应链库存管理等相关知识，给出物联网中生鲜农产品库存的补（订）货策略和保鲜决策内容。

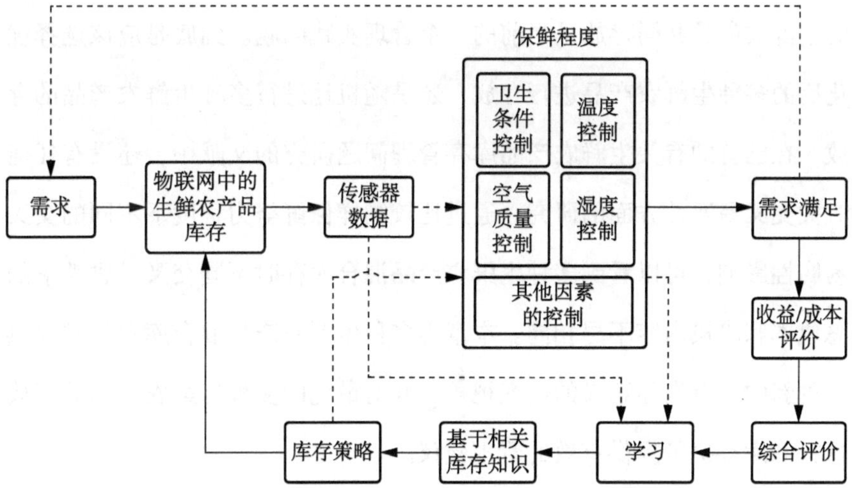

图6.9　基于物联网和传感数据的自适应库存管理框架

6.5 本章小结

通过观察生鲜农产品库存管理实践活动，发现经常会有多种不同种类的生鲜农产品共同存放和管理的情况。为了说明生鲜农产品库存管理中出现的不同类型产品之间的相互影响，本章提出了交叉易腐性的概念。在食品科学或食品工程中已通过许多相关的新技术和新方法对食品(生鲜农产品)进行保鲜。此外，当对生鲜农产品(如肉类)有较高的安全水平规定时，生鲜农产品行业也必须采用一定的方法(如气密包装)来满足这种安全性要求。虽然这些新的保鲜方法为提高物流服务质量提供了额外的选择，但这些方法常常成本较高或应用规模较小，甚至仅仅应用在少数类型的生鲜农产品保鲜中。本章的研究更偏向于暴露于空气中的生鲜农产品的库存问题，具有更广的应用范围，且对保鲜技术等没有过高要求。在同一保鲜努力程度的库存环境中，零售商如何选择不同的生鲜农产品共同存放是当前的一个管理实践问题。到底是应该选择优化后的多种生鲜农产品进行存放，还是随机地进行多种生鲜农产品的存放，在已有的有关生鲜农产品库存管理问题研究的文献中，还没有任何有关交叉易腐性方面的研究。通过比较同样保鲜努力程度下不同的交叉易腐性影响，可以看到多种生鲜农产品混合库存时不同交叉易腐性下的总成本和决策内容不尽相同。本章为多种生鲜农产品混合库存问题提供一种新的、有实际意义的研究视角，并对最优的多种生鲜农产品的存放选择和库存决策提供有效的管理建议。

本章将交叉易腐性定义为一个双下角标的[$\boldsymbol{\beta}$]矩阵，该矩阵中的元素捕捉了生鲜农产品混合库存时每对产品之间质量特性方面的相关性。

在同一保鲜环境中，一种产品对另一种产品交叉易腐性的影响可能是正向的（延长保鲜期），也可能是负向的（缩短保鲜期），可以通过物联网系统中获得的数据对交叉易腐性矩阵的具体模式进行分析。另外，基于单种生鲜农产品的传统库存管理模型，本章还定义了一个可控的与保鲜努力程度有关的参数 λ（该参数与成本相关），表示在库存中要保持生鲜农产品的保鲜期而相应达到保鲜努力水平，并计算得到单种生鲜农产品库存时最优库存策略。接着，将代表保鲜因素的参数 λ 应用到多种生鲜农产品混合库存时的情况中，综合考虑同一库存环境下混合存放多种生鲜农产品时，交叉易腐性和保鲜努力共同影响下的库存策略，基于自定义的遗传算法找到全局最优解。这里的研究结果表明，对交叉易腐性现象进行有效的数据分析，可以改进生鲜农产品混合库存时的全局策略，可以减少总的变质成本，并提高生鲜农产品的质量。

在本章研究的问题中，物联网、传感器和数据分析技术都不可或缺。原因有如下三个。

（1）多种生鲜农产品混合库存时，不同种类生鲜农产品之间的交叉易腐性影响大多是未知的，所以需要依赖物联网和传感器数据从连续监测和学习中获知和提取这些知识。

（2）最优库存策略的搜索在很大程度上取决于物联网和传感器数据及数据分析工具。

（3）实时的库存决策和保鲜控制也取决于物联网、传感器和数据分析工具。

本章在生鲜农产品库存管理研究中的贡献在于，定义了交叉易腐性的概念，提出了描述交叉易腐性的矩阵；建立了一个描述交叉易腐性主要特性的库存模型，这个模型为研究此类新问题提供了一个模型框架。

另外，还对这种交叉易腐性影响下的多种生鲜农产品复杂库存问题提供了一个数值分析寻找相应最优策略的方法。这种数值分析的简化方案虽然在实践中有局限性，但为未来的研究提供了多种可能性。例如，同一种库存环境下的多种生鲜农产品混合库存问题，可以扩展到多种库存环境中的多种生鲜农产品混合库存问题。这个复杂的系统包括多种能力约束、多个决策参数及许多相关知识和规则，找到多种库存环境多种产品混合库存问题的全局最优解来确定最优库存策略，是未来研究的难点和挑战，也是非常有意义的一项工作。因此，研究解决此类问题的有效算法是后续研究的重要方向。

第 7 章　总结与展望

7.1　数据驱动下的生鲜农产品库存优化问题的工作总结

尽管中国是生鲜农产品的生产和消费大国，但生鲜农产品在供应链运作环节上的损耗相当惊人，每年农产品的产后损失总值超过 3 000 亿元。究其主要原因，还在于生鲜农产品供应链的自身特点，如生产的季节性和周期性，流通的易腐性和鲜活性，消费的时效性和品质性，模式的多样性和复杂性等。正是这些特征导致生鲜农产品供应链运作的复杂性和困难性。特别是生鲜农产品的库存环节衔接供需端，优化决策不当会造成上下游之间协调困难，加剧损耗，导致生鲜农产品高比例损失。为此，从生鲜农产品特性进行库存决策优化是生鲜农产品供应链管理中的一个重要方面。

生鲜农产品因为易腐性、时鲜性、随机短生命周期、季节性、地域性等特性，在运输、库存和销售过程中极易变质腐烂。这些质量特性是制约整个供应链流通和影响库存优化决策的关键因素。考虑生鲜农产品特性，研究变质率、新鲜度、保鲜期和交叉易腐性等质量因素影响下的生鲜农产品库存优化决策，是现有生鲜农产品库存研究基础上的一个重要内容和研究方向。

本书针对生鲜农产品特点，在生鲜农产品的不同库存管理情境中，基于供应链变质库存理论、优化理论、食品科学知识及数据分析方法，分别从变质率作为质量指标并可控，新鲜度影响库存决策，保鲜期限制订货周期以及交叉易腐性影响保鲜控制四个方面展开研究，建立基于EOQ模型的单种产品库存和多种产品混合库存模型，并使用优化方法和数据分析方法研究模型性质，得到相应的订货策略、保鲜策略及库存摆放策略等生鲜农产品的库存优化决策内容。本书主要完成了以下四个部分的工作。

(1)变质率可控的生鲜农产品库存优化决策。考虑变质率直接与生鲜农产品的新鲜程度有关，基于相同价格下消费者更倾向于购买更小变质率产品的事实，将变质率作为影响市场需求情况的质量指标，并考虑通过一个可改变的库存持有成本对变质率进行控制。综合这个运作层面与成本有关的变量和市场反应来研究生鲜农产品的库存决策问题，将变质率和订货量同时作为决策变量，建立库存优化模型并分析模型性质；进一步，不仅可变的库存持有成本影响变质率，反映产品变质特性的保鲜和变质率之间的关系系数也会影响变质率。本书研究了不同的生鲜农产品变质性下模型的动力学性质，对变质性不同的高易腐性和低易腐性生鲜农产品，分别给出最优的订货决策和对应于最优变质率的最优保鲜决策。

(2)新鲜度影响下的生鲜农产品库存优化决策。这一部分的工作基于生鲜农产品的新鲜度特点，研究入库时的新鲜度影响变质率问题以及库存成本的库存优化问题，且认为变质率与新鲜度和库存条件有关，而这一方面内容少有文献涉及。本书首先建立变质率只与新鲜度有关的基本模型，然后研究库存成本变化下库存条件对变质率的影响，建立变质率不仅与新鲜度有关，也与库存成本有关的优化模型。基于新鲜度与变质率及新鲜度与库存成本之间的数量关系，分析不同库存情境下新鲜度变化时的最优平均总成本，得到零售商订货时的最优新鲜度。同时，对保鲜库存持有成本维持不变的变质率和不保鲜库存持有成本不变但变质率较高这两种成本不同的库存管理情境进行比较，提出一个零售商进行保鲜决策的新鲜度参考值。

(3)保鲜期限制下的生鲜农产品库存优化决策。首先，考虑生鲜农产品的保鲜期对订货周期的限制，基于经典 EOQ 模型建立保鲜期固定的基本模型，并比较保鲜期和订货周期的大小，分两种情况对模型进行讨论。然后，基于保鲜可以延长保鲜期的假设，对基本模型进行扩展，对于不同保鲜期的生鲜农产品给出库存时的订货优化决策和保鲜决策。结果表明，对于保鲜期较长的生鲜农产品，采取保鲜措施虽然会延长保鲜期，但也会增加零售商的总成本，这种情况下保鲜是不必要的；对于保鲜期较短的生鲜农产品，给出了零售商保鲜的条件，在满足一定条件下，保鲜不仅可以延长生鲜农产品的保鲜期，还可以减少零售商成本。但并不是保鲜努力程度越大越好，当保鲜期延长到一定程度时即可以得到最优的成本。

(4)交叉易腐性影响保鲜控制的混合库存优化决策。对混合库存下生鲜农产品的生物、化学特性对库存决策的影响从未有过相关研究。本部分工作对生鲜农产品库存管理研究的贡献在于，定义了交叉易腐性的概念，提出了描述交叉易腐性矩阵，建立了一个考虑交叉易腐性的库存模型，这个模型为研究此类新问题提供了模型框架。另外，基于物联网相关技术，利用实时数据对非线性的复杂模型的性质和库存控制策略进行研究，为这种交叉易腐性影响下的多种生鲜农产品复杂库存问题提供了一个利用数值分析寻找相应最优策略的方法。这种数值分析的简化方案虽然在实践中有其局限性，但为未来的研究提供了多种可能性。通过比较同样保鲜努力程度下不同的交叉易腐性影响，得到多种生鲜农产品混合库存时不同交叉易腐性下的不同的总成本和决策内容。事实上，本部分的研究也为多种生鲜农产品混合库存问题提供了一种新的、有实际意义的研究视角，并为多种生鲜农产品的最优存放策略和库存决策提供有效的管理建议。

7.2 未来工作展望

虽然本书考虑生鲜农产品的变质率、新鲜度、保鲜期和交叉易腐性等质量因素，对生鲜农产品的库存优化问题开展了一些创新性的研究工作，并且取得了一定的成果，但是，目前的研究工作仍然有一定的局限，未来还需要进一步完善和提高。归纳起来，未来有待继续研究的工作内容如下。

(1)在研究变质率可控的库存优化决策方面。第3章建立了需求受质量指标影响和可控变质率下的生鲜农产品库存管理问题的模型。在这章的研究中，认为一个稳定的库存环境中变质率是固定的，投入保鲜努力，变质率会发生变化。在将来的研究中，可以考虑随时间变化的变质率，从而重新对这个问题进行研究。此外，不同于第3章的最大保鲜能力固定的假设，初始保鲜投入变化下最大保鲜能力不同的库存优化决策也是未来需要研究的内容。

(2)在研究新鲜度影响下的库存优化决策方面。第4章只针对保鲜将生鲜农产品的变质率控制为一个较低水平的简单情况进行保鲜决策的研究，但在实际的库存管理中，存在零售商增加部分成本降低部分变质率的情况，即变质率随保鲜努力程度或保鲜投入条件的变化连续变化。另外，变质率不仅与新鲜度和库存成本有关，还与库存时间有关。出库时生鲜农产品的新鲜度也会对需求产生影响。对这些更为复杂的库存问题进行分析是未来的一个研究内容。

(3)在研究保鲜期限制下的库存优化决策方面。第 5 章只关注保鲜期限制订货周期后对决策的影响，对保鲜期延长时的保鲜期的具体形式及保鲜期延长过程中成本随保鲜努力程度变化的具体内容并没有进一步的研究，也没有给出最优保鲜因子的表达式。这部分的内容可以在今后的研究中继续深入。

(4)在混合库存优化决策的研究方面。第 6 章对交叉易腐性影响下同一种库存环境中的多种生鲜农产品混合库存问题进行了研究，从更符合管理实际的角度，将这个问题扩展为多种库存环境中的多种生鲜农产品混合库存问题。这个复杂的系统将包括多种能力约束、多个决策参数以及多种相关知识和规则，找到多种库存环境多种产品混合库存问题的全局最优解来确定最优库存策略，是未来研究的难点和挑战，也是非常有意义的一项工作。因此，研究解决此类问题的有效算法是亟待开启的一个研究方向。

参 考 文 献

陈弘，周宗放，陈军 . 2012. 生鲜农产品生长增值期内库存补货策略[J]. 系统工程，30(1):91-96.

陈军，但斌 . 2010. 努力水平影响流通损耗的生鲜农产品订货策略[J]. 工业工程与管理，15(2):50-55.

但斌，陈军 . 2008. 基于价值损耗的生鲜农产品供应链协调[J]. 中国管理科学，16(5):42-49.

但斌，丁松 . 2012. 基于顾客分类的生鲜农产品二次补货策略[J]. 中国管理科学，20(6):87-93.

但斌，伏红勇，徐广业，等 . 2014. 风险厌恶下天气影响产出的农产品供应链协调[J]. 系统工程学报，29(3):36-43.

但斌，王磊，李宇雨 . 2011. 考虑消费者效用与保鲜的生鲜农产品 EOQ 模型[J]. 中国管理科学，19(1):100-108.

佚名 . 2018. 2018 年中国农产品冷链物流发展报告[R/OL]. (2018-04-12)[2020-11-15]. http：//www. chinawuliu. com. cn/zixun/201804/12/330210. shtml.

伏红勇，但斌 . 2015. 基于天气期权的“公司+农户”型订单契约机制研究[J]. 系统工程学报(6):768-778.

李贵萍，段永瑞，霍佳震，等 . 2015. 持有成本和变质率时变的非立即变质品库存策略[J]. 中国管理科学，23(8):122-131.

李琳，范体军. 2014. 基于RFID技术应用的鲜活农产品供应链决策研究[J]. 系统工程理论与实践，34(4):836-844.

联合国粮食及农业组织. 2019. 粮食和农业数据[DB/OL]. (2019-05-15)[2020-11-20]http: //www.fao.org/faostat/zh/#home.

林略，杨书萍，但斌. 2010. 收益共享契约下鲜活农产品三级供应链协调[J]. 系统工程学报，25(4):484-491.

励凌峰，黄培清，骆建文. 2004. 易腐物品的库存管理研究[J]. 系统工程，22(3):25-30.

闻杰，周永务. 2010. 带有时变短缺量拖后率且需求依赖库存水平的EOQ模型[J]. 系统管理学报，19(2):222-227.

王冲，陈旭. 2013. 考虑期权合同的生鲜农产品供应链定价和协调[J]. 预测，32(3):76-80.

王婧，陈旭. 2012. 考虑流通损耗的生鲜农产品零售商期权订货策略[J]. 系统工程理论与实践，32(7):1408-1414.

王磊，但斌. 2013. 考虑保鲜影响消费者时变效用的生鲜农产品多品种订货模型[J]. 系统管理学报，22(5):647-654.

王丽娟，侯云先. 2014. Weibull分布的生鲜农产品库存控制[J]. 武汉大学学报(理学版)，60(2):139-143.

王宇，王文静. 2016. 我国每年农产品产后损失3000亿[N/OL]. (2016-63-29)[2020-4-10]. http://dz.jjckb.cn/www/pages/webpage2009/html/2016-03/29/content_16958.htm.

王淑云，姜樱梅，王宪杰. 2015. 变质率呈Weibull分布的一体化三级冷链库存策略研究[J]. 管理工程学报，29(2):229-239.

肖勇波，陈剑，徐小林. 2008. 到岸价格商务模式下涉及远距离运输的时鲜产品供应链协调[J]. 系统工程理论与实践，28(2):272-273.

熊峰，彭健，金鹏，等.2015. 生鲜农产品供应链关系契约稳定性影响研究——以冷链设施补贴模式为视角[J]. 中国管理科学，23(8):102-111.

杨亚，范体军，张磊.2018. 生鲜农产品供应链RFID技术投资决策及协调研究[J]. 系统工程学报，33(6):823-833.

张伟，周根贵.2015. 一次提前订购下生鲜农产品的最优订货[J]. 中国管理科学，23(11):138-144.

智研咨询.2018. 2019-2025年中国生鲜农产品市场运行态势及战略咨询研究报告[M]. 北京：智研咨询集团.

中国物流与采购联合会冷链物流专业委员会，国家农产品现代物流工程技术研究中心.2018. 中国冷链物流发展报告(2020)[M]. 北京：中国财富出版社.

AIELLO G, CANNIZZARO L, LA SCALIA G, et al. 2011. An expert system for vineyard management based upon ubiquitous network technologies[J]. International Journal of Services Operations and Informatics, 6(3):230-247.

AIELLO G, ENEA M, MURIANA C. 2015. The expected value of the traceability information[J]. European Journal of Operational Research, 244(1):176-186.

AKCAY Y, NATARAJAN H P, XU S H. 2010. Joint dynamic pricing of multiple perishable products under consumer choice[J]. Management Science, 56(8):1345-1361.

AKKERMAN R, FARAHANI P, GRUNOW M. 2010. Quality, safety and sustainability in food distribution: a review of quantitative operations management approaches and challenges[J]. OR Spectrum, 32(4):863-904.

Al UBEED H M S, WILLS R B H, BOWYER M C, et al. 2017. Interaction of exogenous hydrogen sulphide and ethylene on senescence of green leafy vegetables[J].Postharvest Biology and Technology,133:81-87.

ALI S S,MADAAN J,CHAN F T S,et al. 2013. Inventory management of perishable products: a time decay linked logistic approach[J]. International Journal of Production Research,51(13):3864-3879.

AVINADAV T. 2009. An EOQ model for items with a fixed shelf-life and a declining demand rate based on time-to-expiry technical note[J].Asia-Pacific Journal of Operational Research,26:759-767.

BAI R,KENDALL G. 2008. A model for fresh produce shelf-space allocation and inventory management with freshness-condition-dependent demand [J].Informs Journal on Computing,20(1):78-85.

BAKKER M, RIEZEBOS J, TEUNTER R H. 2012. Review of inventory systems with deterioration since 2001[J].European Journal of Operational Research,221(2):275-284.

BARON O, BERMAN O, PERRY D. 2010. Continuous review inventory models for perishable items ordered in batches[J]. Mathematical Methods of Operations Research,72(2):217-247.

BESBES O, MUHARREMOGLU A. 2013. On implications of demand censoring in the newsvendor problem[J]. Management Science, 59(6): 1407-1424.

BHATTACHARJEE D,DHUA R S. 2017. Influence of ethylene absorbents on shelf life of bitter gourd(momordica charantia L.)fruits during Storage[J]. International Journal of Current Microbiology and Applied Sciences, 2017, 6 (5):1553-1563.

BLACKBURN J,SCUDDER G. 2009. Supply chain strategies for perishable products:the case of fresh produce[J].Production and Operations Management, 18(2):129-137.

BORCH E, KANT-MUERMANS M L, BLIXT Y. 1996. Bacterial spoilage of meat and cured meat products[J].International Journal of Food Microbiology, 33(1):103-120.

BROEKMEULEN R A C M, VAN DONSELAAR K H. 2009. A heuristic to manage perishable inventory with batch ordering, positive lead-times, and time-varying demand[J].Computers & Operations Research, 36(11):3013-3018.

CAI X Q, CHEN J, XIAO Y B, et al. 2010. Optimization and coordination of fresh product supply chains with freshness-keeping effort[J].Production and Operations Management, 19(3):261-278.

CAI X Q, CHEN J, XIAO Y B, et al. 2013. Fresh-product supply chain management with logistics outsourcing[J].Omega, 41(4):752-765.

CASABURI A, PIOMBINO P, NYCHAS G J, et al. 2015. Bacterial populations and the volatilome associated to meat spoilage[J].Food Microbiology, 45:83-102.

CHAKRABORTY D, JANA D K, ROY T K. 2015. Multi-item integrated supply chain model for deteriorating items with stock dependent demand under fuzzy random and bifuzzy environments[J].Computers & Industrial Engineering, 88:166-180.

CHAN C K, WONG W H, LANGEVIN A, et al. 2017. An integrated production-inventory model for deteriorating items with consideration of optimal production rate and deterioration during delivery[J].International Journal of Production Economics, 189:1-13.

CHANDE A, DHEKANE S, HEMACHANDRA N, et al. 2005. Perishable

inventory management and dynamic pricing using RFID technology[J].Sadhana,30(2-3):445-462.

CHANG C T,TENG J T,GOYAL S K. 2010. Optimal replenishment policies for non-instantaneous deteriorating items with stock-dependent demand [J].International Journal of Production Economics,123(1):62-68.

CHEBOLU-SUBRAMANIAN V,GAUKLER G. 2015. Product contamination in a multi-stage food supply chain[J].European Journal of Operational Research, 244(1):164-175.

CHEN X,PANG Z,PAN L. 2014. Coordinating inventory control and pricing strategies for perishable products[J].Operations Research,62(2):284-300.

CHEN J,DONG M,RONG Y,et al. 2018. Dynamic pricing for deteriorating products with menu cost[J].Omega,75:13-26.

CLEMENTS M D,LAZO R M,MARTIN S K. 2008. Relationship connectors in NZ fresh produce supply chains[J].British Food Journal,110(4-5):346-360.

COELLO C A C. 2002. Theoretical and numerical constraint-handling techniques used with evolutionary algorithms: a survey of the state of the art [J].Computer Methods in Applied Mechanics and Engineering,191(11-12): 1245-1287.

COVERT R P,PHILIP G C. 1973. An EOQ model for items with Weibull distribution deterioration[J].AIIE transactions,5(4):323-326.

DE KEIZER M,AKKERMAN R,GRUNOW M,et al. 2017. Logistics network design for perishable products with heterogeneous quality decay[J].European Journal of Operational Research,262(2):535-549.

DI NATALE C,BRUNINK J A,BUNGARO F,et al. 1996. Recognition of fish storage time by a metalloporphyrins-coated QMB sensor array[J].Measurement

Science and Technology,7(8):1103–1114.

DI NATALE C,OLAFSDOTTIR G,EINARSSON S,et al. 2001. Comparison and integration of different electronic noses for freshness evaluation of cod-fish fillets[J].Sensors and Actuators B:Chemical,77(1–2):572–578.

DOBSON G, PINKER E J, YILDIZ O. 2017. An EOQ model for perishable goods with age-dependent demand rate[J]. European Journal of Operational Research,257(1):84–88.

DYE C Y. 2007. Joint pricing and ordering policy for a deteriorating inventory with partial backlogging[J].Omega,35(2):184–189.

DYE C Y,HSIEH T P. 2012. An optimal replenishment policy for deteriorating items with effective investment in preservation technology[J].European Journal of Operational Research,218(1):106–112.

DYE C Y. 2013. The effect of preservation technology investment on a non-instantaneous deteriorating inventory model[J].Omega,41(5):872–880.

DYE C Y,HSIEH T P. 2013. A particle swarm optimization for solving lot-sizing problem with fluctuating demand and preservation technology cost under trade credit[J].Journal of Global Optimization,55(3):655–679.

DYE C Y,YANG C T,LEV B. 2016. Optimal dynamic pricing and preservation technology investment for deteriorating products with reference price effects[J].Omega,62:52–67.

FAN T J,CHANG X Y,GU C H,et al. 2014. Benefits of RFID technology for reducing inventory shrinkage[J].International Journal of Production Economics,147:659–665.

FAN T J,TAO F,DENG S,et al. 2015. Impact of RFID technology on supply chain decisions with inventory inaccuracies[J].International Journal of Production Economics,159:117-125.

FILLION L, KILCAST D. 2000. Concept and measurement of freshness of fruits and vegetables[R].Leatherhead Food RA Research Reports,770.

FUJIWARA O,PERERA U L J S R. 1993. EOQ models for continuously deteriorating products using linear and exponential penalty costs[J].European Journal of Operational Research,70(1):104-114.

GAUKLER G, KETZENBERG M, SALIN V. 2017. Establishing dynamic expiration dates for perishables:An application of RFID and sensor technology [J].International Journal of Production Economics,193:617-632.

GHARE P M, SCHRADER G F. 1963. A model for exponentially decaying inventory[J].Journal of Industrial Engineering,14(5):238-243.

GIRI B C,CHAKRABARTY T,CHAUDHURI K S. 2000. A note on a lot sizing heuristic for deteriorating items with time - varying demands and shortages[J].Computers & Operations Research,27(6):495-505.

GOYAL S K,GIRI B C. 2001. Recent trends in modeling of deteriorating inventory[J].European Journal of Operational Research,134(1):1-16.

GRUNOW M, PIRAMUTHU S. 2013. RFID in highly perishable food supply chains-remaining shelf life to supplant expiry date[J].International Journal of Production Economics,146(2):717-727.

GUPTA D, GERCHAK Y. 1995. Joint product durability and lot sizing models[J].European Journal of Operational Research,84(2):371-384.

HAIJEMA R. 2014. Optimal ordering, issuance and disposal policies for inventory management of perishable products[J].International Journal of Production Economics,157:158-169.

HALIM K A,GIRI B C,CHAUDHURI K S. 2008. Fuzzy Economic Order

Quantity model for perishable items with stochastic demand, partial backlogging and fuzzy deterioration rate[J].International Journal of Operational Research, 3 (1-2):77-96.

HERBON A, CEDER A. 2018. Monitoring perishable inventory using quality status and predicting automatic devices under various stochastic environmental scenarios[J].Journal of Food Engineering, 223:236-247.

HERBON A, KHMELNITSKY E. 2017. Optimal dynamic pricing and ordering of a perishable product under additive effects of price and time on demand [J].European Journal of Operational Research, 260(2):546-556.

HERBON A, SPIEGEL U, 2011. Templeman J. Simulation study of the price differentiation effect in a stochastic deteriorating inventory with heterogeneous consumers-freshness sensitivity[J].Applied Economics, 44(24):3101-3119.

HERBON A, SPIEGEL U, TEMPLEMAN J. 2012. Simulation study of the price differentiation effect in a stochastic deteriorating inventory with heterogeneous consumers-freshness sensitivity[J].Applied Economics, 44(24):3101-3119.

HSIEH T P, DYE C Y, OUYANG L Y. 2008. Determining optimal lot size for a two-warehouse system with deterioration and shortages using net present value[J].European Journal of Operational Research, 191(1):182-192.

HSU P H, WEE H M, TENG H M. 2010. Preservation technology investment for deteriorating inventory[J].International Journal of Production Economics, 124(2):388-394.

HUBER J, MüLLER S, FLEISCHMANN M, et al. 2019. A data-driven newsvendor problem: from data to decision[J].European Journal of Operational Research, 278(3):904-915.

HUH W T, LEVI R, RUSMEVICHIENTONG P, et al. 2011. Adaptive

data-driven inventory control with censored demand based on Kaplan-Meier estimator[J].Operations Research,59(4):929-941.

JUNG J Y, LEE C S. 2011. Characteristics of the TiO2/SnO2 thick film semiconductor gas sensor to determine fish freshness[J].Journal of Industrial and Engineering Chemistry,17(2):237-242.

KARLSEN K M, DONNELLY K M, OLSEN P. 2011. Granularity and its importance for traceability in a farmed salmon supply chain[J].Journal of Food Engineering,102(1):1-8.

KETZENBERG M, BLOEMHOF J, GAUKLER G. 2015. Managing perishables with time and temperature history[J].Production and Operations Management,24(1):54-70.

KETZENBERG M, GAUKLER G, SALIN V. 2018. Expiration dates and order quantities for perishables[J].European Journal of Operational Research, 266(2):569-584.

KIM W R, AUNG M M, CHANG Y S, et al. 2015. Freshness gauge based cold storage management: a method for adjusting temperature and humidity levels for food quality[J].Food control,47:510-519.

KOUKI C, JEMAï Z, MINNER S. 2015. A lost sales (r, Q) inventory control model for perishables with fixed lifetime and lead time [J]. International Journal of Production Economics,168:143-157.

LEE Y P, DYE C Y. 2012. An inventory model for deteriorating items under stock-dependent demand and controllable deterioration rate[J].Computers & Industrial Engineering,63(2):474-482.

LEVI R, PERAKIS G, UICHANCO J. 2015. The data-driven newsvendor problem: new bounds and insights[J].Operations Research,63(6):1294-1306.

LI Y, CHEANG B, LIM 2012. A. Grocery perishables management[J]. Production and Operations Management, 21(3): 504-517.

LI J, CHENG T E, WANG S. 2007. Analysis of postponement strategy for perishable items by EOQ-based models[J]. International Journal of Production Economics, 107(1): 31-38.

LIAO J J, HUANG K N, CHUNG K J, et al. 2017. Lot-sizing policies for deterioration items under two-level trade credit with partial trade credit to credit-risk retailer and limited storage capacity[J]. Mathematical Methods in the Applied Sciences, 40(6): 2122-2139.

LIN C, LIN Y. 2007. A cooperative inventory policy with deteriorating items for a two-echelon model[J]. European Journal of Operational Research, 178(1): 92-111.

LIN H, ZHAO J, SUN L, et al. 2011. Freshness measurement of eggs using near infrared(NIR) spectroscopy and multivariate data analysis[J]. Innovative Food Science & Emerging Technologies, 12(2): 182-186.

LODREE E J, UZOCHUKWU B M. 2008. Production planning for a deteriorating item with stochastic demand and consumer choice[J]. International Journal of Production Economics, 116(2): 219-232.

LOWE T J, PRECKEL P V. 2004. Decision technologies for agribusiness problem: a brief review of selected literature and a call for research[J]. Manufacturing & Service Operations Management, 6(3): 201-208.

MAIHAMI R, KAMALABADI I N. 2012. Joint pricing and inventory control for non-instantaneous deteriorating items with partial backlogging and time and price dependent demand[J]. International Journal of Production Economics, 136(1): 116-122.

MAIHAMI R, KARIMI B. 2014. Optimizing the pricing and replenishment policy for non-instantaneous deteriorating items with stochastic demand and promotional efforts[J].Computers & Operations Research,51:302-312.

MAITY K, MAITI M. 2009. Optimal inventory policies for deteriorating complementary and substitute items[J].International Journal of Systems Science,40(3):267-276.

MICHALEWICZ Z,SCHOENAUER M. 1996. Evolutionary algorithms for constrained parameter optimization problems[J].Evolutionary Computation,4(1):1-32.

MURIANA C. 2016. An EOQ model for perishable products with fixed shelf life under stochastic demand conditions[J].European Journal of Operational Research,255(2):388-396.

NAHMIAS S. 1982. Perishable inventory theory: a review[J].Operations Research,30(4):680-708.

NILSEN H,ESAIASSEN M,HEIA K,et al. 2002. Visible/near-infrared spectroscopy: a new tool for the evaluation of fish freshness[J].Journal of Food Science,67(5):1821-1826.

OCAO-HIGUERA V M,MAEDA-MARTNEZ A N,MARQUEZ-ROS E, et al. 2011. Freshness assessment of ray fish stored in ice by biochemical, chemical and physical methods[J].Food Chemistry,125(1):49-54.

PATHUMNAKUL S,PIEWTHONGNGAM K,KHAMJAN S. 2009. Integrating a shrimp-growth function,farming skills information,and a supply allocation algorithm to manage the shrimp supply chain[J].Computers and Electronics in Agriculture,66(1):93-105.

PAULS - WORM K G J, HENDRIX E M T, ALCOBA A G, et

al. 2016. Order quantities for perishable inventory control with non-stationary demand and a fill rate constraint[J].International Journal of Production Economics,181:238-246.

PHILIP G C. 1974. A generalized EOQ model for items with Weibull distribution deterioration[J].AIIE Transactions,6(2):159-162.

PIRAMUTHU S,ZHOU W. 2013. RFID and perishable inventory management with shelf-space and freshness dependent demand[J]. International Journal of Production Economics,144(2):635-640.

PIRAMUTHU S,ZHOU W. 2016. RFID and sensor network in food processing[M].John Wiley & Sons:RFID and Sensor Network Automation in the Food Industry:Ensuring Quality and Safety through Supply Chain Visibility.

RAAFAT F. 1991. Survey of literature on continuously deteriorating inventory models[J].The Journal of the Operational Research Society,42(1):27-37.

RAJAN A R,STEINBERG R. 1992. Dynamic pricing and ordering decisions by a monopolist[J].Management Science,38(2):240-262.

RONG A,AKKERMAN R,GRUNOW M. 2011. An optimization approach for managing fresh food quality throughout the supply chain[J].International Journal of Production Economics,131(1):421-429.

SARKAR B. 2012. An EOQ model with delay in payments and time varying deterioration rate[J].Mathematical and Computer Modelling,55(3):367-377.

SARKER B R,MUKHERJEE S,BALAN C V,1997. An order-level lot size inventory model with inventory-level dependent demand and deterioration [J].International Journal of Production Economics,48(3):227-236.

SARKAR B,SARKAR S. 2013. An improved inventory model with partial backlogging, time varying deterioration and stock-dependent demand[J].Economic Modelling, 30:924-932.

SINGH S R, KUMAR N, KUMARI R. 2010. An inventory model for deteriorating items with shortages and stock-dependent demand under inflation for two-shops under one management[J].Opsearch, 47(4):311-329.

SINGH T, PATTNAYAK H. 2014. A two-warehouse inventory model for deteriorating items with linear demand under conditionally permissible delay in payment[J]. International Journal of Management Science and Engineering Management, 9(2):104-113.

TADIKAMALLA P R. 1978. An EOQ inventory model for items with gamma distributed deterioration[J].AIIE Transactions, 10(1):100-103.

TALEIZADEH A A, NEMATOLLAHI M, 2014. An inventory control problem for deteriorating items with back-ordering and financial considerations[J]. Applied Mathematical Modelling, 38(1):93-109.

TALEIZADEH A A, NOORI-DARYAN M, CáRDENAS-BARRóN L E, 2015. Joint optimization of price, replenishment frequency, replenishment cycle and production rate in vendor managed inventory system with deteriorating items[J].International Journal of Production Economics, 159:285-295.

TENG J T, YANG H L. 2004. Deterministic economic order quantity models with partial backlogging when demand and cost are fluctuating with time [J].Journal of the Operational Research Society, 55(5):495-503.

TIWARI S, CáRDENAS-BARRóN, LEOPOLDO EDUARDO, et al. 2016. Impact of trade credit and inflation on retailer's ordering policies for non-instantaneous deteriorating items in a two-warehouse environment[J].International Journal of Production Economics, 176:154-169.

TIWARI S,JAGGI C K,BHUNIA A K,et al,2017. Two-warehouse inventory model for non-instantaneous deteriorating items with stock-dependent demand and inflation using particle swarm optimization[J]. Annals of Operations Research,254(1-2):401-423.

TSAO Y C,2016. Designing a supply chain network for deteriorating inventory under preservation effort and trade credits[J].International Journal of Production Research,54(13):3837-3851.

WANG L,KWOK S K,IP W H. 2010. A radio frequency identification and sensor-based system for the transportation of food[J].Journal of Food Engineering,101(1):120-129.

WEE H M,WIDYADANA G A,2013. A production model for deteriorating items with stochastic preventive maintenance time and rework process with FIFO rule[J].Omega,41(6):941-954.

WU K S, OUYANG L Y, YANG C T, 2006. An optimal replenishment policy for non-instantaneous deteriorating items with stock-dependent demand and partial backlogging[J].International Journal of Production Economics,101(2):369-384.

WU K S,OUYANG L Y,YANG C T,2009. Coordinating replenishment and pricing policies for non-instantaneous deteriorating items with price-sensitive demand[J].International Journal of Systems Science,40(12):1273-1281.

WU J,TENG J T,CHAN Y L,2018. Inventory policies for perishable products with expiration dates and advance-cash-credit payment schemes[J].International Journal of Systems Science:Operations & Logistics,5(4):310-326.

YU Y, WANG Z, LIANG L, 2012. A vendor managed inventory supply chain with deteriorating raw materials and products[J].International Journal of

Production Economics,136(2):266-274.

ZAKI M J, 2004. Mining non - redundant association rules [J]. Data Mining and Knowledge Discovery,9(3):223-248.

ZANONI S, ZAVANELLA L, 2007. Single - vendor single - buyer with integrated transport-inventory system:models and heuristics in the case of perishable goods[J].Computers & Industrial Engineering,52(1):107-123.

ZHAO L,TIAN P,LI X,2012. Dynamic pricing in the presence of consumer inertia[J].Omega,40(2):137-148.

